ANNA MAYR

DIE ELENDEN

Warum unsere Gesellschaft
Arbeitslose verachtet und
sie dennoch braucht

Hanser Berlin

Meiner Familie

3. Auflage 2021

ISBN 978-3-446-26840-1

Umschlag: Anzinger und Rasp, München
Satz: Sandra Hacke, Dachau
Druck und Bindung: CPI books GmbH, Leck
Printed in Germany

MIX
Papier aus verantwortungsvollen Quellen
FSC® C083411

INHALT

NEHMEN WIR EINMAL AN ...

... Sie sind ein Mensch ohne nennenswertes Vermögen. Sie haben also nicht genug Geld, um davon leben zu können, dass es sich von selbst immer weiter vermehrt. Sie besitzen auch keine Güter, die Sie im allerschlimmsten Fall verkaufen könnten. Sie haben irgendeinen Beruf gelernt, und nun verdienen Sie Geld mit diesem Beruf, es ist nicht viel, der Median des Nettoeinkommens lag 2010 in Deutschland bei knapp 1300 Euro – aber Sie fahren einmal im Jahr in den Urlaub. Sie besitzen vielleicht ein Haustier, das Sie gernhaben. Dann werden Sie krank, liegen ewig im Krankenhaus. Ihr Chef bittet Sie, zu kündigen, Sie haben sich immer gut mit ihm verstanden, er verspricht Ihnen, Sie könnten zurückkommen, wenn es Ihnen besser geht. Oder Ihre Eltern werden krank und Sie kümmern sich. Oder Sie bekommen versehentlich ein Kind, das Sie sehr gernhaben und deshalb nicht acht Stunden am Tag alleine herumliegen lassen können. Oder Sie verlieben sich in jemanden, und er verarscht Sie, und am Ende besitzt er Ihr Auto und Sie nur den Fötus, den er Ihnen eingepflanzt hat. Oder Ihre Frau verlässt Sie, und Sie werden depressiv, und die Frau nimmt die Freunde mit und die Kinder, und da ist niemand, der käme, um Sie zu umarmen. Oder eine globale Pandemie grassiert und Ihre Firma muss ein paar Leute rauswerfen, um das Geld einzusparen, das durch den Stillstand verloren geht. Abends trinken Sie. Aber da es keinen Unterschied zwischen Tag und Abend gibt, wenn man gelangweilt ist und allein, trinken Sie bald manchmal auch nachmittags. Zehn Prozent aller Hartz-IV-Empfänger, das hat eine

Studie mit Versicherten der AOK ergeben, sind suchtkrank – und das sind nur die, bei denen die Krankenkasse darüber Bescheid weiß.

Am Anfang geht es Ihnen mit der Arbeitslosigkeit noch recht gut. Sie bekommen vielleicht Arbeitslosengeld I, also für ein Jahr 60 Prozent Ihres Nettogehalts. 67 Prozent, falls Sie Kinder haben. Maximal aber 2000 Euro in Westdeutschland, in Ostdeutschland nur knapp 1900. Sie machen sich auf die Suche nach einem neuen Job und trinken abends mit Freunden in den Bars, in denen Sie immer schon getrunken haben. Sie erzählen den Freunden, wie deprimierend die Jobsuche ist, und wenn die Freunde von der Arbeit reden, dann erzählen Sie eben Geschichten von früher.

Einen neuen Job finden Sie nicht. Am Anfang, weil Sie noch wählerisch sind. Am Ende dann, weil die Leute, die die Jobs vergeben, sich fragen, wieso Sie so lange keinen neuen Job gefunden haben. Oder weil es gerade einfach keine Jobs gibt, das kommt vor. Vielleicht können Sie auch nicht aus Ihrer Stadt weg, weil Sie dort ein Kind haben oder ein Tier oder eine Oma, die Sie pflegen. Das Arbeitsamt hält Beschäftigungen für zumutbar, wenn die täglichen Pendelzeiten zwischen Wohnung und Arbeitsplatz unter zweieinhalb Stunden liegen. Vielleicht gibt es den Beruf auch gar nicht mehr, den Sie gelernt haben. Ohnehin müssen Sie sich langsam von dem Gedanken verabschieden, dass Sie einem Berufsstand angehören. Vom siebten Monat der Arbeitslosigkeit an ist Ihnen jede, wirklich jede Beschäftigung »zumutbar«, deren Lohn höher ist als das Arbeitslosengeld.

Sie haben zufällig keine Partnerin, die genug Geld besitzt, um Sie mitzuversorgen. Falls Sie doch eine hatten, dann vielleicht jetzt nicht mehr, weil sie Ihre Lethargie nicht mehr ertragen konnte. Arbeitslosigkeit führt zu einem höheren Trennungsrisiko, vor allem wenn es der Mann ist, der arbeitslos wird.[1] Am Abend der Trennung kommen Freunde zu Ihnen nach Hause. Die Freunde sagen, dass alles wieder gut wird. Sie nicken. Mal schauen, wie lange die Freunde noch kommen. Menschen, die länger als ein Jahr arbeitslos sind, fühlen sich häufiger sozial isoliert und unglücklich.[2]

Nach etwa anderthalb Jahren müssen Sie aus Ihrer Wohnung ausziehen. Zu groß für Hartz IV. Die angemessene Brutto-Kaltmiete für eine Person beträgt 364,50 Euro, die angemessene Quadratmeterzahl ist 50. Vielleicht haben Sie noch eine Familie, dann gibt es für vier Personen 85 Quadratmeter, Kaltmiete 587 Euro. Sie ziehen also um.

Ach, und Ihr Sparkonto – davon haben Sie hoffentlich bereits Anschaffungen gemacht, denn mehr als 150 Euro pro Lebensjahr dürfen Sie nicht besitzen, und mehr als 10 000 Euro sowieso nicht; nehmen wir mal an, Sie sind 35 Jahre alt – dann dürfen Sie 5250 Euro auf dem Konto liegen lassen. Aber Sie werden es eh bald aufbrauchen.

Nach etwa zwei Jahren werden Sie nicht mehr eingeladen, wenn Ihre Freunde sich treffen. Ihr Leid ist zu bedrückend für alle, die sich über den Stress am Fließband oder im Büro beschweren wollen. Sie werden auch langsam komisch, verschlossen, ein wenig verschroben – weil Sie ja im Alltag kaum noch mit jemandem reden. In Ihrem Regelsatz sind übrigens exakt 10,76 Euro für »Beherbergungs- und Gaststättendienstleistungen« vorgesehen. 37,84 Euro für Bekleidung und Schuhe.

Nach etwa drei Jahren Arbeitslosigkeit sieht man Ihnen deutlich an, wo Sie wohnen, wie Sie wohnen und dass Ihnen nichts mehr einfällt.

Ihr Tier wird krank. Es ächzt, es röchelt, Sie setzen es in eine Box, bringen es zum Tierarzt und bitten ihn, dem Tier zu helfen. Der Tierarzt sieht Ihre Kleidung, er sieht die klapprige Box, und er könnte vielleicht helfen, aber er will Sie nicht vor die Wahl stellen, ob Sie diesen Monat essen oder ob das Tier leben soll, deshalb sagt er, dass er nichts tun kann. Sie sind jetzt noch ein bisschen einsamer, als Sie es vorher waren.

Nach etwa sieben Jahren ist jedes Gerät, das ein menschenwürdiges Leben in diesem Land ausmacht, einmal kaputtgegangen: die Waschmaschine zuerst. Sie haben sich eine neue kaufen müssen, jetzt haben Sie Schulden. Vielleicht hat Ihnen jemand mit ein wenig Geld ausgeholfen? Wenn Sie noch Freunde haben. Dann die Spülmaschine, auch so eine Sache, man kann ohne leben, es kostet nur Zeit. Früher, als das ALG II noch »Sozialhilfe« hieß, erstattete der Staat die Kosten für warme Kleidung im Winter und für andere große, notwendige Anschaffungen. Das wurde 2004 mit den Gesetzen für »Moderne Dienstleistungen am Arbeitsmarkt« abgeschafft.

Die Kinder, die Sie vielleicht haben, bekommen immer häufiger Kopfschmerzen. Kann am Wetter liegen, sagt der Arzt, oder psychisch bedingt sein. Kinder mit niedrigem sozioökonomischen Status leiden in Europa doppelt so häufig an psychischen Störungen wie andere Kinder.[3] Wenn sie nachmittags aus der Schule kommen, geben Sie ihnen etwas zu essen, und dann ist den Kindern langweilig. Aber Sie können ihnen keine Fußballschuhe kaufen und keine Ballettkleidchen, also schalten Sie den Fernseher ein, damit sie endlich Ruhe geben, denn Sie müssen verdammt noch mal das Geschirr spülen. Heute sind Sie noch nicht dazu gekommen – Ihr Wasserkocher ist kaputtgegangen und Sie haben den Vormittag in Geschäften verbracht und Preise verglichen. Von 15 Euro kann man einen Wasserkocher und ein Paar Schuhe kaufen. Man braucht nur viel Zeit dafür. Die Krankenkasse zahlt Ihren Kindern die Medikamente gegen ADHS und Ihnen die Medikamente gegen die Depressionen. Vier von zehn Hartz-IV-Empfängern, das ergab ebenfalls eine Studie der AOK[4], sind psychisch krank. Bei Langzeitarbeitslosen, so geht es aus Zahlen der Stiftung Deutsche Depressionshilfe hervor, sind es 70 Prozent.

Die Kinder bekommen nachmittags in der Schule von einer Studentin Nachhilfeunterricht. In ihrer WG sagt sie zu ihren Mitbewohnerinnen: »Wie schade, dass die Eltern ihre Kinder so vernachlässigen. Die arbeiten doch gar nicht, die hätten doch Zeit.« Sie schicken die Kinder auf den Spielplatz in der Nachbarschaft. Aber die Kinder sind müde vom Ritalin, und als sie zurück nach Hause kommen, hat eins eine Schramme im Gesicht – weil ein anderes Kind zugeschlagen hat, dem genauso langweilig war. Im Fernsehen läuft die Bundestagswahl, Sie schalten um, damit die Kinder still sind. Während die Kinder fernsehen, suchen Sie Formulare zusammen und Unterlagen, um weiter Geld zu bekommen: Ihre eigenen Kontoauszüge, die Kontoauszüge der Kinder. Bewerbungen, von denen Sie schon vorher wussten, dass sie zwecklos sein würden. Schulbescheinigungen. Noch gehen die Kinder zur Schule.

Vielleicht haben Sie auch keine Kinder. Herzlichen Glückwunsch, hoffentlich haben Sie es geschafft, ohne Kinder und ohne Arbeit noch irgendetwas Schönes in Ihrem Leben zu finden. Sonst haben Sie sich vielleicht schon umgebracht. Jeder fünfte Suizid weltweit steht in Zusammenhang mit Arbeitslosigkeit.

Sie verpassen einen Termin beim Jobcenter. Ihnen werden zehn Prozent Ihres Hartz-IV-Satzes gestrichen. Sie lehnen einen Job ab, weil Sie inzwischen Angst haben, vor die Tür zu gehen. Jetzt bekommen Sie noch mal 30 Prozent weniger Geld. Bis zu 60 Prozent der Leistung konnte man Hartz-IV-Empfängern bis vor kurzem streichen, wenn sie ihren Pflichten nicht nachkamen. Erst 2019, also etwa 15 Jahre nach der Einführung von Hartz IV, entschied das Bundesverfassungsgericht, dass das zu viel ist. Jetzt sind noch maximal 30 Prozent erlaubt, also Kürzungen bis auf 280 von 420 Euro.

Sie stehen jetzt unter andauerndem Stress. Sie wollen überleben, Sie wollen nicht auffallen, Sie wollen niemandem zur Last fallen. Deshalb rauchen Sie, deshalb essen Sie ungesund und deshalb trauen Sie sich nicht, zum Arzt zu gehen. Arme Menschen sterben früher als reiche Menschen, sie haben im Schnitt etwa zehn gesunde Lebensjahre weniger.

Mit denen da draußen haben Sie keine Berührungspunkte mehr. Mit denen, die in Cafés sitzen und an Kulturveranstaltungen teilnehmen. Die Trennung zwischen Zivilisation und Kultur existiert, um das eine als notwendig und das andere als überflüssig darzustellen – damit das Überflüssige denen exklusiv bleibt, die über das Notwendige nicht nachdenken müssen.[5] Vielleicht haben Sie mal Brecht gelesen und denken das jetzt, da Sie seit Jahren nicht mehr an einem schönen Ort waren, in einem Museum oder auf einem Konzert. Wahrscheinlich denken Sie das aber nicht. Wahrscheinlich fühlen Sie sich klein und machtlos, und kein gesellschaftlicher Diskurs über Verteilungsgerechtigkeit kann Ihnen da raushelfen. Es geht nicht mehr um Sie da draußen.

DAS ÄNDERN DER REALITÄT

Warum das Schicksal der Arbeitslosen für alle wichtig ist

Oft kommt die Wut beim Smalltalk: In einer Redaktion saß ich vor ein paar Jahren neben einem Kollegen, der ungefähr so alt war wie ich – Anfang zwanzig. Als wir darüber sprachen, in welchen Gegenden wir aufgewachsen waren, und ich den Namen meines Viertels nannte, sagte er: »Ah, da gibt es ja ganz schön asoziale Gegenden. Ich war mal für ein Uni-Seminar dort. Es ging um Abgehängte. Wir haben an Türen geklingelt und mit Leuten geredet. Wer dir da so aufmacht …« Natürlich ging er davon aus, ich hätte auf der guten Seite des Viertels gewohnt. Auf der Seite mit den Einfamilienhäusern. Nicht auf der Seite mit den Plattenbauten, die für Feldversuche von Soziologiestudenten geeignet ist. Dass er dabei auch meine Eltern betrachtet haben könnte, dass er auch über sie hätte reden können wie über Zootiere, empörte mich. Einerseits, weil ich mich denjenigen, die er für asozial hält, zugehörig fühle: den Menschen, neben denen ich aufgewachsen bin und die in der öffentlichen Wahrnehmung unter einer Schicht aus Vorurteilen existieren, die so dick ist, dass sie zu ersticken drohen und dass kaum jemand ihre Realität darunter sieht. Andererseits, weil ich mich auch ihm, dem Kollegen, zugehörig fühle. Weil wir im gleichen Job arbeiten, an den gleichen Orten zu Mittag essen – und weil ich beanspruche, dass ich dabei *normal* bin. Doch ich bin es nicht, denn seine Welt ist immer noch nicht ganz meine, wahrscheinlich wird sie es nie sein.

Ich werde oft gefragt, warum meine Eltern arbeitslos sind. Ich finde die Frage frech. Manchmal frage ich zurück: »Warum ist dein Vater Ingenieur?« Lebensgeschichten sind nicht erklär- oder planbar. Wir können sie zwar rückblickend analysieren – und etwa behaupten, dass erst der Kontakt zu Person A in Firma B uns zu unserem aktuellen Job verholfen hat oder dass unser Leben ohne das freiwillige soziale Jahr in Sri Lanka ganz anders verlaufen wäre. Die Sache ist die: Eine »Wahrheit« oder beweisbare Kohärenz wird in diesen Analysen immer fehlen. Jungen Menschen sagt man ja gerne, sie sollten »ihren Weg gehen« und dabei bloß nicht »auf die schiefe Bahn« geraten – aber der Weg ist ja noch nicht da, bis man den ersten Schritt macht. Man muss ihn selbst asphaltieren. Wer Geld hat, der kann sich eine gewisse Planbarkeit erkaufen; sich selbst ein Netz bauen, das ihn auffängt, wenn der eingeschlagene Weg sich doch als löchrige Hängebrücke herausstellt. Wer kein Geld hat, fällt tiefer. Aber die Hindernisse, die in der Zukunft liegen, sind für alle gleichermaßen allerhöchstens verschwommen sichtbar. Und die Bahn, auf die man gerät, könnte schief sein oder großartig. Das weiß man erst, wenn man ankommt.

Wäre es anders, wären Leben also vollständig planbar und individuelle Entscheidungen frei von ökonomischen und gesellschaftlichen Zwängen, könnte man jedem Menschen zu Beginn seines Lebens einen Zettel hinlegen, auf dem er seine Ziele ankreuzen soll: Möchten Sie (a) Hochschullehrer oder (b) Maurerin oder (c) arbeitslos werden? Je nach Auswahl bekäme er dann eine Landkarte in die Hand gedrückt mit Instruktionen dazu, wo es abzubiegen gilt, um die eigenen Wünsche wahr werden zu lassen.

Die Sache ist: Unsere Lebensgeschichten gehören uns nicht allein. Sie finden innerhalb eines Systems statt, das bestimmte individuelle Geschichten braucht, um als Ganzes zu funktionieren. Dazu gehören Geschichten vom erfolgreichen Aufstieg, die alle dazu motivieren, sich anzustrengen. Aber auch Geschichten von Abstieg und schiefer Bahn. Nicht immer geht man in diesem System selbst voran, oft wird man von den Umständen herumgeschubst oder hinterhergezogen. Meistens merkt man das erst, wenn es schon geschehen ist. Denn auch das ist Teil des Systems: dass es uns vormacht, wir würden unsere Entscheidungen selbst treffen.

»Das System« als Sündenbock heranzuziehen hat natürlich immer einen Nachklang von naiv linkem Weltverbesserer-quatsch. Dabei ist die Einsicht darüber, dass es keine freien Entscheidungen gibt und auch keine eigenen Wege, schlichtweg realistisch. Sobald mehrere Menschen in einer Gesellschaft zusammenleben und miteinander auskommen müssen, nimmt jedes Individuum eine Rolle innerhalb des Gefüges ein, und diese Rollen begrenzen sich gegenseitig.

Mein Vater hat eine Ausbildung zum Tischler gemacht und war danach immer wieder in Firmen beschäftigt, die sich Menschen von Zeitarbeitsfirmen ausliehen. Seine Rolle ist die eines Menschen, dessen Arbeitskraft sich in verschiedenen Hilfsarbeiterrollen möglichst flexibel und gering bezahlt einsetzen lässt. Er ist einer von denen, die von ihrer Arbeit nie leben konnten, weil die Arbeit zu unwichtig war und den Firmen nichts wert. Einer von denen, die niemals gefragt werden, was sie eigentlich denken und können – weil es schon reicht, dass sie für ein paar Monate mit einem Gabelstapler Paletten hin und her fahren. Und sobald es keine Paletten mehr gibt, werden sie nach Hause geschickt und vergessen.

Meine Mutter war früher Punk. Sie rasierte sich eine Glatze, kippte Spülmittel in Brunnen, besetzte Häuser. Sie machte Abi und studierte Philosophie. Sie ist eine der Frauen, mit deren Lebensgeschichten man Mädchen davor warnen kann, zu früh Kinder zu bekommen und zu sehr aus der Reihe zu tanzen. Eine von denen, auf die man seufzend herabblicken kann: Hach, sie hätte so viel vor sich gehabt, und stattdessen hat sie nur Humankapital produziert; mich zum Beispiel. Als ich drei, vier Jahre alt war, hat sie mir zum Einschlafen ihre Seminararbeiten vorgelesen. Später haben wir morgens, bevor ich in die Schule ging, gemeinsam Zeitung gelesen, immer abwechselnd für jeweils ein Jahr die beiden Lokalblätter, die es gab. Sie hat mir das Schreiben beigebracht und später das Geschichtenschreiben. Sie wollte immer eine Tochter wie die Rote Zora: frech, wild und mutig. Ich war die meiste Zeit ein Madita-Mädchen, brav, höflich, still. Einmal habe ich an der Supermarktkasse einen Knicks gemacht – ich glaube, sie hat sich nie wieder so für mich geschämt wie in diesem Moment.

Die gleiche Redaktion, ein anderer Kollege, kurz vor den Landtagswahlen in Nordrhein-Westfalen. Er machte sich in einem Kommentar über Nichtwähler lustig. Über Menschen, die zwar von Steuergeldern leben, aber nicht an unserer schönen Demokratie teilnehmen. Die politisch ungebildet sind und faul und außerdem dumm.

Ich dachte an meine Eltern, an all ihre Gründe, nicht zu wählen. An das Viertel der Abgehängten mit den Soziologiestudenten, die dort herumlaufen, an das Elend, an meinen Blick aus dem Kinderzimmerfenster, graue Fassaden, dunkelgrüne Autos und Katzen, die in Sandkästen scheißen, an die schreienden Kinder in der Wohnung über uns, an die Langeweile und an das Gefühl, nicht Teil jener Welt zu sein, die da draußen irgendwo ist und in der es Wahlen gibt und eine schöne, heile Demokratie.

Die Wut schrieb ich auf. Schrieb darüber, wie meine Eltern mich zur Antifaschistin erzogen, wie ihnen nichts wichtiger war als Gerechtigkeit. Und dass sie trotzdem nicht zur Wahl gingen, weil es da keine Partei gab, die sie wählen konnten. Ich schrieb darüber, dass ich wie jedes Kind früher gerne die Welt einteilte – in »die Obdachlosen« und »die Jungs« und »die Frauen« und »die Omas mit Pelzmantel« – und dass meine Mutter mir das verbot, weil sie Pauschalisierungen mehr hasst als alles. Nur Nazis hasst sie noch mehr. Da gibt es keine Kompromisse.

Der Text wurde am Tag der Landtagswahlen veröffentlicht, die Überschrift: »Mama wählt nicht«. Ich bekam daraufhin Zuschriften, die mich froh machten: Einerseits von Menschen aus dem Milieu, in dem ich aufgewachsen bin, Menschen, die sich abgebildet fühlten. Andererseits von Menschen aus meinem neuen Milieu, die mir schrieben, dass sie beim Lesen etwas verstanden hätten. Ich dachte wirklich, meine Worte könnten gegen die Pauschalisierungen helfen: von Arbeitslosen, von Armen, von Menschen, die nicht wählen. Heute denke ich, dass es ein guter Text war, aber mit einer idiotischen Haltung. Indem ich meine Familie erklärte, unseren Einzelfall, wollte ich ein Vorurteil aufheben. In Wirklichkeit habe ich meine Eltern und mich durch diesen Text kleingemacht. Ich habe mich denen unterworfen, die einen Augenzeugenbericht benötigen, um wirklich glauben zu können, dass Menschen ohne Arbeit keine Idioten sind. Die Leute, die sich eine Klasse, ein Milieu, erst erklären lassen müssen, führen damit immer auch ihre eigene Überlegenheit vor. Die »normalen Leute« zeigen, dass sie sich mit »solchen Menschen« noch nie auseinandersetzen mussten, und erheben sich dadurch über sie – vielleicht noch nicht einmal mit Absicht. Aber sie tun es, und mit meinem Text habe ich ihnen dabei geholfen, sich ihrer Erhabenheit zu vergewissern.

Inzwischen denke ich, dass es nicht reicht, im Einzelschicksal zu verbleiben. Ein armes Kind erweckt Mitleid, aber dieses Mitleid ändert die Verhältnisse nicht, es macht die Welt nicht gerechter. Meine Kindheit war manchmal beschissen – aber wenn ich darüber weine, bringt das niemandem etwas. Stattdessen werde ich aufschreiben, *warum* meine Kindheit beschissen war. Welches System dahintersteckt, welche Ideologien, welche Gedanken, die in uns allen wohnen, auch in mir. Ich will verstehen, warum meine Eltern arbeitslos sein mussten und warum ich darunter leiden musste. Und ich will weiterdenken: eine Gesellschaft entwerfen, in der es Kindheiten wie meine nicht gibt. Ich will kein Gerührtsein an der Realität – ich will, dass wir die Realität ändern.

Wer dieses Buch liest, um etwas über ein trauriges Einzelschicksal zu erfahren, über ein armes Kind, das sich hochgearbeitet hat, der wird enttäuscht werden. Natürlich verstehe ich Arbeitslosigkeit auch deshalb, weil sie mir bekannt ist. Ich weiß, dass es kein »echtes Leben« gibt, sondern nur andere Leben abseits von Bildungsbürgerblasen. Ich weiß, dass »der kleine Mann« auch ein Arschloch sein kann. (Dass das kein selbstverständliches Wissen ist, habe ich an der Journalistenschule festgestellt, wo man immer noch selbsternannten Reportern begegnen kann, die meinen, in Strip-Clubs an der Autobahn und in Baugruben das wahre Leben finden zu können.) Ich weiß, dass ich als Kind arm sein musste, damit Deutschland vom »kranken Mann Europas« zu dem Wirtschaftswunderland werden konnte, das es in den letzten Jahren war. Ich habe verstanden, dass dieses Land Geld sparen musste und dass es beschlossen hat, an mir und meiner Familie zu sparen, einfach weil wir uns nicht wehren konnten. Und dass wir in den politischen Entwicklungen Anfang des Jahrtausends weitgehend vergessen wurden; unsere Bedürfnisse, unsere Existenz. Ich weiß, dass es nie darum ging, mich als Individuum leiden zu lassen – aber dass man es in Kauf nahm, als es passierte.

Meine Lebensgeschichte ist von außen betrachtet eine Aufstiegsgeschichte, anhand derer sich unsere Gesellschaft vergewissern kann, dass es so etwas wie »Chancengleichheit« gibt. Ich war das Kind von zwei Langzeitarbeitslosen, nun bin ich eine erwachsene Journalistin, die für eine Zeitung schreibt, in der Hochschulen ihre Anzeigen schalten, wenn sie neue Professorinnen suchen. Wenn man mein Leben als Weg betrachten möchte, dann sieht man relativ am Anfang die Billy-Regale im Flur unserer Wohnung, vor denen ich sitze und darüber nachdenke, was ich lesen soll. Meine Mutter, die rauchend auf dem Balkon sitzt und mir sagt, dass Mädchen nicht dümmer sind als Jungs, sondern dass man ihnen das nur einredet. Meinen Vater, der mir beibringt, wie man eine Mehlschwitze macht und Nägel in Wände haut und Schrauben festzieht. Ein Freundebuch, in das ich mit zwölf Jahren schreibe, dass ich entweder »Astronomin« oder »Redakteurin« werden will. Meine Mathelehrerin in der achten Klasse, die mir ein paar Punkte gibt, weil ich die Textaufgabe in eine Geschichte umgeschrieben habe. Meinen Deutschlehrer, der mich eine Schülerzeitung gründen lässt und mir hilft, Praktikumsstellen zu finden. Dann ein ziemlich perfektes Abitur, das zu einem Stipendium führt, das zu noch einem Stipendium und zu ausreichend Selbstvertrauen führt, um Fächer zu studieren, mit denen man erst mal nichts Konkretes werden kann. Am Wegesrand stehen ein paar Menschen herum – viele sind tatsächlich Männer, weil Menschen in Machtpositionen im Journalismus meistens immer noch Männer sind. Sie nehmen mich eine Weile an die Hand, lassen mich Texte schreiben und zahlen mir sehr wenig Geld dafür, was mir egal ist, denn ich habe ja die Stipendien. Einer der Männer führt mich schließlich in die Deutsche Journalistenschule in München.

Was man oft übersieht dabei: Wie ich meiner Mutter zwei Tage lang die Ohren vollheulte, weil ich auf einen Schüleraustausch wollte, für den wir das Geld nicht hatten, 300 Euro. Die Angst, die ich vorm wöchentlichen Sportunterricht hatte, weil meine Sportsachen mir zu kurz waren und ich mich nicht traute, meine Eltern nach Geld zu fragen. Die Trampelpfade, die von meinem eingeschlagenen Weg immer wieder zurück ins Ruhrgebiet führen. Und den ersten Moment, in dem ich mich getraut habe, einer fremden Person ohne Scham zu sagen, dass meine Eltern nicht arbeiten.

Von dort, wo ich heute stehe, erkenne ich, dass die Soziologiestudenten, die meine Eltern besichtigen und befragen, keinerlei echtes Interesse daran haben, durch ihre Forschungen die Situation ihrer Forschungsobjekte zu verbessern. Sie benutzen die Armen nur als Projektionsfläche. Hier die Akademiker, dort die Elenden. Hier die, von denen man etwas erwartet, dort jene, die man nur noch verwaltet. So erhalten sie ein Wertesystem aufrecht, in dem 19-jährige Soziologiestudentinnen mehr gesellschaftliche Deutungsmacht haben als 55-jährige Arbeitslose. Ein Wertesystem, das festlegt, was als »normal« gilt und erstrebenswert und was die Verlierer von den Gewinnern trennt. Ich weiß natürlich auch, dass die Studentinnen das nicht aus Boshaftigkeit tun, sondern weil es zu der gesellschaftlichen Rolle gehört, in die sie hineingestolpert sind: Sie schreiben Arbeiten darüber, wie man das Leben der Armen lebenswerter machen könnte (Putzpläne für die Flure oder »kulturelle Ereignisse« im lokalen Kulturzentrum, um die Leute »zusammenzubringen«, oder Alleinerziehenden-Cafés), die sich allesamt aus den eigenen Erfahrungen und Gepflogenheiten speisen. Und so wird das »Normale« noch normaler und die falschen Leben werden noch falscher. Die Machtverhältnisse, die bereits dafür gesorgt haben, dass die Menschen in meinem Heimatviertel »unten« sind, verfestigen sich, indem man sie immer wieder so bezeichnet: als abgehängt, als gescheitert.

Dem Kollegen, der über die dummen Nichtwähler geschrieben hat, würde ich heute unterstellen, dass er manchmal an sich selbst zweifelt: ob er genug weiß; ob ihm nicht, was Politik angeht, einiges verborgen bleibt; ob es in Ordnung ist, dass er kein einziges Buch des aktuellen Literaturnobelpreisträgers kennt und die Debatte um ihn nicht versteht; ob es in Ordnung ist, dass er nicht jeden Tag die Nachrichten schaut. Seine eigene Unsicherheit projiziert er auf die Menschen, die mit Sicherheit gar keine Ahnung von Politik haben: die Nichtwähler.

Ich weiß also, welchen Zweck es hatte, dass meine Familie arm war: Wir dienten als abschreckendes Beispiel. Indem wir unnormal waren, fühlten sich die anderen normaler. Indem wir verloren hatten, konnten sich andere Menschen als Gewinner fühlen. Unser Leid ließ andere Leben leichter erscheinen. Es geht mir nicht besser, seitdem ich das weiß. Ich bin eher noch wütender als früher.

Deutsche Leser scheinen in den letzten Jahren ganz versessen auf Milieubetrachtungsbücher zu sein. Es begann mit dem Soziologen Didier Eribon, dessen Essay *Rückkehr nach Reims* in Frankreich bereits 2009 erschien, in Deutschland erst 2016.[6] Eribon schreibt über seine Kindheit und über seine Eltern, zwei französische Arbeiter ohne akademische Bildung. Über den Vater, der die Homosexualität seines Sohnes nie akzeptieren konnte, und über die Geschwister, zu denen er kaum noch Kontakt hat, weil sie sich nichts zu sagen haben. Er selbst nimmt in dieser Geschichte eher die Rolle eines Forschers ein, der erklären möchte, wieso seine Eltern früher einmal Kommunisten waren und heute den *Front National* wählen. Nachdem er es lange vermieden hatte, mit ihnen mehr Kontakt zu haben als unbedingt nötig, besucht Eribon nach dem Tod seines Vaters die Mutter – um sich, wie er schreibt, auszusöhnen: »mit einem ganzen Teil meines Selbst, den ich verworfen, versagt, verneint hatte«. In ihm löst es »Unbehagen« aus, dass er zwei verschiedenen Welten angehört, der Welt seiner Kindheit und der bürgerlich-akademischen Welt in Paris. Über seinen Vater schreibt er: »Ich mochte ihn nicht. Ich hatte ihn nie gemocht.« Immer wieder bezieht sich Eribon in *Rückkehr nach Reims* auf die Schriftstellerin Annie Ernaux. Sie schrieb bereits 1983 in *La Place* die Geschichte ihres Vaters auf, das Buch erschien als *Das bessere Leben* auf Deutsch, blieb aber unbeachtet – erst 2019 wurde es neu übersetzt und unter dem Titel *Der Platz*[7] breit rezipiert, genau wie *Eine Frau*, in dem sie ihre Trauer nach dem Tod ihrer Mutter verarbeitete. Bei beiden Erzählungen merkt man, wie sie versucht, sich ihre Eltern selbst noch einmal herzuleiten, sie quasi rückwirkend zu verstehen, nachdem sie in ihrer Jugend damit zu tun hatte, sich von ihnen abzugrenzen. »Die Jugend meiner Mutter«, schreibt Ernaux, »bestand darin, der Bestimmung ihres eigenen Schicksals zu entfliehen: unausweichliche Armut, die Bedrohung durch Alkoholismus und all die anderen Dinge, die einem Mädchen aus der Fabrik passieren, das schlechte Angewohnheiten hat«. Es ist ein liebevoller Blick, gerade im Vergleich dazu, wie sie ihre jugendliche Perspektive auf die Mutter beschreibt: »Manchmal stellte ich mir vor, ihr Tod würde mir nichts bedeuten.«

Anfang 2020 erschien dann die autobiographische Erzählung *Ein Mann seiner Klasse* des deutschen Journalisten Christian Baron. Der Autor beschreibt das Buch als einen Versuch, seinem prügelnden, saufenden Vater zu verzeihen, indem er ihn als Teil seiner sozialen Klasse begreift und anerkennt, wie sehr diese Prägung sein Leben bestimmte; dass seine finanzielle Ohnmacht und die Erfahrungen der eigenen Kindheit ihn zu einem Tyrannen machten – und dass da niemand war, der der Familie geholfen hätte.

Einerseits sind diese Bücher Versuche, den weltweiten und vor allem europäischen Rechtsruck zu verstehen. Doch indem man dem belesenen Bürgertum die Unterschicht und deren Weltwahrnehmung erklärt, wird suggeriert, dass Nationalismus und Rassismus vor allem aus diesen Milieus kommen. Damit verkennt man leider die Drastik und Ernsthaftigkeit des Problems. Wäre Rechtssein vor allem eine Sache der Ohnmächtigen, dann wären die Rechten insgesamt weitestgehend ohnmächtig. Doch der Rechtsruck kommt nicht aus der Unterschicht, für die Erfolge der AfD sorgen nicht die Stimmen der Elenden, allein statistisch ist das unmöglich. Doch dazu später.

Vielleicht liegt der Trend zu diesen Milieu-Büchern auch darin begründet, dass es diesem Land bis vor kurzem so wahnsinnig gut ging. Je sicherer man selbst vor dem ökonomischen Abstieg ist, desto weiter weg erscheinen die Milieus irgendwo da unten – und desto mehr kann man sich an den Erzählungen über unkontrollierte, ungebildete und dennoch liebevolle Idioten ergötzen. Je weiter sich die Schere zwischen Arm und Reich öffnet, desto zootieriger werden die Armen, desto augenöffnender ihre Geschichten, weil man ja im Alltag kaum etwas mit ihnen zu tun hat.

Und jetzt komme auch noch ich.

Sowohl Ernaux als auch Eribon und Baron haben über ihre Eltern erst geschrieben, nachdem diese tot waren. Vielleicht haben sie den Abstand gebraucht – oder die Freiheit, die man hat, wenn man niemanden mehr verletzen kann.

Meine Eltern haben mich gezeugt und aufgezogen. Sie sind der Grund dafür, warum ich lebe, wie ich lebe, und denke, wie ich denke – und ich möchte nichts über sie schreiben, was nicht auch in ihrer Lebenszeit veröffentlicht werden kann. Ich möchte sowieso gar nicht so viel über sie schreiben – weil ihre gesellschaftlichen Rollen mit ihnen als Individuen sehr wenig zu tun haben. Teilweise grenzt es an Sozialpornographie, was die Kinder der Armen über ihre Eltern schreiben: Da kommen rauhe Hände vor und Tattoos und Sprachfehler, schlechtes Fernsehprogramm, Schweiß und Tränen. Manchmal, wenn ich lese, wie Menschen versuchen, ihre eigenen Eltern zu *verstehen*, dann denke ich, dass auf dem Weg zwischen Kindheit und Autorschaft genuines Verständnis für das eigene Herkunftsmilieu offenbar so sehr abhandenkommen kann, dass nur der einigermaßen liebevolle Blick eines Bildungsbürgers auf »die da unten« bleibt. Das ergibt Sinn: Wenn man von einer Welt in eine andere Welt wechselt, wenn man »aufsteigt«, dann neigt man dazu, die Welt zu negieren, aus der man kommt, um ein Teil der neuen Welt zu werden – der Welt der Soziologiestudentinnen und Redakteure mit Deutungshoheit, der Welt der Macht, der Welt der Normalität. Man überlebt in ihr am besten, wenn man sich von dem distanziert, was man einmal war. Es ist ein Schutzmechanismus. Man schützt sich vor der Wut, die man früher einmal hatte und die wieder aufkommen könnte; vor dem Neid auf die Sorglosigkeit; vorm Beleidigtsein; vor der Traurigkeit. Ohne Schutz lässt es sich kaum aushalten, aber wenn man sich schützt, geht auch etwas verloren: der besondere Sinn für Gerechtigkeit, der Blick von unten.

Die Momente, in denen ich mich der Welt meiner Einkommensklasse anpasse, bemerke ich immer erst ein paar Minuten zu spät – oder ich erlaube mir erst ein paar Minuten zu spät, sie zu bemerken, damit es sich nicht so seltsam anfühlt: mit jemandem zu reden und gleichzeitig darüber nachzudenken, wie verrückt es ist, dass man jetzt plötzlich so redet. Mit einem Freund, ebenfalls Journalist, saß ich nach Feierabend im Lounge-Bereich einer Berliner Boulderhalle, die einen bescheuerten Wortspiel-Namen trägt. Ich nahm einen Schluck von meinem grünen Smoothie und nickte interessiert, als er sagte, dass man eigentlich gerade jetzt Immobilien kaufen sollte. Dann sprachen wir darüber, ob Aktien oder Immobilien sinnvoller sind, um aus dem Geld, das wir haben, mehr Geld zu machen. Er sagte, das erinnere ich noch ganz genau: »Ich kaufe mir ja nichts, ich weiß gar nicht, wohin mit dem ganzen Geld.« Ich sagte: »Lass uns mal gleich nach Hause fahren, ich muss morgen arbeiten.« Wir lachten darüber, wie sehr wir unsere eigenen Klischees sind, Berufseinsteiger in Boulderhallen, die über Immobilien reden, haha. Dann stiegen wir auf unsere Rennräder und fuhren in unsere jeweiligen Berliner Altbauwohnungen.

Der Unterschied zwischen mir und meinem Freund ist, dass seine Eltern ein großes Haus besitzen. Dass er zu Weihnachten von ihnen immer noch Geld geschenkt bekommt. Dass für ihn Immobilien und Investitionen und sonstige Geldvermehrungsaktionen zur Normalität gehören, während ich mich immer fühle, als würde ich diese Gespräche schauspielern. So wie ich als Kind geschauspielert habe, dass ich mir Sachen leisten kann, die alle hatten, dass ich irgendwelche Filme schon im Kino gesehen habe, die alle gesehen hatten.

Heute sind immer beide Welten gleichzeitig anwesend in mir: Ich stehe zum Beispiel im Supermarkt und möchte Äpfel kaufen. Vor dem Apfelregal vergleiche ich die Preise, die der Äpfel in Tüten mit denen der Äpfel in Kisten. Ich sehe die Äpfel, von denen ich weiß, dass sie mir am besten schmecken, sehe, dass sie pro Kilo fünfzig Cent mehr kosten als die Äpfel in der Ein-Kilo-Tüte, denke, dass ich ein Kilo sowieso niemals essen kann, denke dann, dass es sich trotzdem lohnen könnte, weil Äpfel sich im Kühlschrank ewig halten, dann fällt mir ein, dass ich die Apfeltüte so schlecht auf dem Rennrad transportieren kann, also ärgere ich mich, bis mir einfällt, dass es um fünfzig Cent geht und ich mir keine Sorgen machen muss – nicht mehr, denn ich arbeite ja. Dann kaufe ich die Äpfel, die ich mag. Bei anderen Produkten geht es anders aus. Und so wie mit den Äpfeln ist es mit dem ganzen Leben. Es kommt vor, dass ich mich vor den Verhältnissen ekle, in denen meine Eltern wohnen. Dass ich mich vor den Leuten fürchte, die ihre Nachbarn sind. Dass ich in ihre Wohnung komme und, noch bevor ich sie begrüße, das Fenster weit aufreiße, weil ich es stickig finde. Dass mich langweilt, was sie essen, und dass ich den Kaffee nicht mag, den sie trinken. Ich lege in diesen Momenten die Maßstäbe meines Berliner Umfelds an sie an, obwohl das dumm ist. Es kommt aber genauso oft vor, dass ich mich vor dem Habitus meiner Kollegen ekle, vor ihren Gesprächen über Urlaubsziele und Spa-Hotels und vor dem Wettbewerb darum, wer das beste und geheimste Restaurant in Kreuzberg kennt. Vor der Winzigkeit der Probleme. Vor Gehaltsverhandlungen.

Zwei Stimmen, zwei Haltungen zum Leben, zwei Milieus, die sich miteinander unterhalten in meinem Kopf, die ganze Zeit. Die so weit voneinander weg sind, obwohl sie nebeneinander stattfinden, in den gleichen Supermärkten, in den gleichen Städten, im gleichen Land, in den gleichen Schulen und auf den gleichen Straßen.

Wen meine ich also, wenn ich »wir« sage? Meistens uns alle: die Arbeitslosen genauso wie die Menschen, die mit dem Gewinn, den sie erwirtschaften, genau die Kosten decken, die sie mit ihrer Existenz verursachen – also die »Arbeiterklasse« oder die »Mittelschicht«. Aber auch die »Bourgeoisie« beziehungsweise die »Bürgerlichen«. Und am Schluss auch diejenigen, für die Marx die Bezeichnung »Kapitalisten« gefunden hat und für die »Oberschicht« gar kein Begriff mehr ist; ihnen können Schichten egal sein, weil sie sich die Welt so eingerichtet haben, dass sie selbst immer reicher werden, egal was passiert. Denn die Gedanken und Annahmen über Arbeitslose stecken ja wirklich in uns allen, auch in den Arbeitslosen selbst. In denen, die sehr wenig Geld verdienen, stecken sie manchmal noch mehr als in denen, die viel Geld verdienen, was wiederum nicht heißt, dass diejenigen, die viel verdienen, bessere Menschen sind. Sie haben meistens nur mehr Platz zum Nachdenken. Unsere Gedanken und Annahmen entsprechen den Strukturen, die der Kapitalismus errichtet hat, sie sind politisch erwünscht. Indem wir sie pflegen, zementieren wir diese Strukturen und ermöglichen politische Entscheidungen, die Familien wie meine schwächer machen und andere stärker – oder eben: normaler.

Wenn man über »die Arbeitslosen« spricht, dann ist es eigentlich falsch, über ein Milieu zu sprechen. Denn anders als die Arbeiterklasse haben die Arbeitslosen nie eine Form von Zusammenhalt herstellen können. Im Diskurs über die Arbeiterklasse sind sie oft schlichtweg »mitgemeint«, wobei das natürlich viel zu kurz gedacht ist. Arbeitslose sind keine Arbeiter. Im marxistischen Begriffsumfeld könnte man sie zur Arbeiterklasse zählen und beiden Gruppen einen gemeinsamen Kampf gegen das Kapital unterstellen. Aber wenn sich die Lage der Arbeiterklasse verbessert, verbessert sich dadurch nicht automatisch die Lage der Arbeitslosen. Und wenn sich die Lage der Arbeitslosen verschlechtert, wenn ihre Deprivation fortschreitet, dann gehören sie irgendwann zu der Gruppe, die Marx »Lumpenproletariat« nannte – diejenigen, mit denen gar nichts mehr anzufangen ist und die Marx im Kampf gegen das Kapital verlorengab. Für Marx war der Müßiggänger nie ein Ideal. Er wollte, dass es Arbeit gibt und dass alle arbeiten – er kritisierte die Arbeit lediglich als entfremdet. Bei Hegel hatte Arbeit noch bedeutet, dass der Mensch etwas erschuf, etwas in die Welt brachte, was er danach anschauen konnte, und erst dieses Erschaffen machte ihn eigentlich zum Menschen. Marx beobachtete, dass industrielle Arbeit dem einzelnen Arbeiter dieses Erschaffen nicht mehr ermöglichte.

Mittlerweile ist der Begriff des »Arbeiters« etwas wässrig geworden. Im 19. Jahrhundert hätte man etwa Journalisten auf gar keinen Fall als Arbeiter bezeichnet, heute dagegen verdienen Journalistinnen oft weniger Geld als Elektrikerinnen. An Universitäten, die ja eigentlich einen sehr großbürgerlichen Anstrich haben, werden junge Menschen mies dafür bezahlt, wissenschaftliche Texte zu schreiben, während mittelständische Unternehmen ihren Auszubildenden Übernahmeverträge und Entfristungen zusichern können. Die Grenzen zwischen den Klassen sind verwischt; es gibt vor allem diejenigen, die arbeiten – und die anderen, die nicht arbeiten. Die Arbeitslosen muss man also in Abgrenzung zu *allen* beschreiben. Zugleich existieren sie ausschließlich in dieser Abgrenzung – nicht aber als Gruppe mit gemeinsamen Wünschen und einem geteilten politischen Willen.

Für eine kollektive Willensbildung bräuchte es Repräsentation: Menschen, die aus der Gruppe und für die Gruppe sprechen, die Diskurse anregen und anführen. 2019 veröffentlichte die Schauspielerin Ilka Bessin, die früher die Figur der »Cindy aus Marzahn« – eine fette Langzeitarbeitslose mit lauter Kindern – verkörperte, ihre Biographie: *Abgeschminkt.* Sie schrieb darin auch darüber, dass sie früher arbeitslos war. Heute moderiert Bessin die RTL-Show *Zahltag – Ein Koffer voller Chancen*, in der Langzeitarbeitslose zwischen 15 000 und 30 000 Euro bekommen, um sich damit »etwas aufzubauen«. Die Sendung läuft meistens darauf hinaus, dass die Leute an der Welt scheitern, ihre »Selbstständigkeit« völlig schiefgeht und Ilka Bessin zwischendurch ein paar Tränen verdrückt.

Wenn Menschen wie Ilka Bessin oder ich die Gelegenheit bekommen, darüber zu schreiben, was Arbeitslosigkeit bedeutet, wie sie sich anfühlt, was sie auslöst, bestätigt sich etwas sehr Trauriges: die soziale Illegitimität derjenigen, die arbeitslos *sind*. Ich schreibe dieses Buch, nicht meine Eltern. Ilka Bessin hat ihr Buch geschrieben (oder schreiben lassen), nicht irgendeine arbeitslose Frau aus Marzahn.

Dass ich »aufgestiegen« bin (übrigens ein Wort, das mir widerstrebt), verleiht mir eine kritische Distanz, ohne die Sie als Leserinnen mich nicht ernst nehmen würden. Eine Arbeitslose würde über das System nur »jammern« – eine Aufgestiegene hingegen darf »analysieren«; sie löst keine Furcht aus, sie kleidet sich angemessen und spricht die richtige Sprache. Sie ist exakt so »abgehängt«, wie es gerade noch erträglich ist: gar nicht mehr. Hinzu kommt, dass ich zwar 18 Jahre lang von Arbeitslosengeld gelebt habe – aber ich war damals ein Kind. Und bin deshalb nicht verdächtig, selbst schuld gewesen zu sein. Wenn ich spreche, glauben Sie mir mehr, als Sie den armen Leuten glauben würden, denen Sie im Alltag begegnen.

Nach dem Erscheinen eines meiner Texte erhielt ich eine Einladung zu Anne Will, es sollte um Hartz IV gehen. Die Mail landete im Spam-Ordner, ich meldete mich viel zu spät zurück, es war mir peinlich und gleichzeitig war ich froh, nicht mehr entscheiden zu müssen, ob ich die Einladung annehmen will. Trotzdem machte mich die Mail nachdenklich: Ich fragte mich, warum sich die Redaktion eigentlich nicht auf die (recht einfache) Suche nach Hartz-IV-Empfängern machte, sondern stattdessen mir schrieb. Wenn ich mehr Gerechtigkeit für Arbeitslose fordere, geht es um Gerechtigkeit für andere, nicht für mich selbst. Wenn Arbeitslose die gleichen Sätze schreiben und sagen, fordern sie Gerechtigkeit für sich. Das eine empfinden wir als politische Position, das andere als Egoismus – und schließen die Betroffenen so davon aus, Gerechtigkeit einzufordern.

Ich bat die Anne-Will-Redaktion, mir Informationen darüber zu schicken, wie viele Sendungen es zum Thema Hartz IV gegeben hat und in wie vielen davon direkt von Hartz IV Betroffene saßen. Die Antwort der ARD-Pressestelle: »Personenbezogene Daten unserer Gäste werden nicht erhoben.« Ach so. Wäre die Antwort genauso ausgefallen, wenn ich gefragt hätte, wie viele Gesundheitsminister oder wie viele Pflegekräfte eingeladen wurden? Ich recherchierte also selbst und fand heraus, dass es in zwölf Jahren fünf Sendungen mit dem Begriff »Hartz IV« im Titel gegeben hatte. Eingeladen waren: ein FAZ-Journalist, eine Arbeitsvermittlerin, die Chefin eines Zeitarbeitsunternehmens, Robert Habeck (Grüne), Hubertus Heil (SPD), Lars Klingbeil (SPD), Jens Spahn (CDU), Sarah Wagenknecht (Linke), ein Start-up-Unternehmer, eine Unternehmensberaterin, zwei *ehemalige* Hartz-IV-Empfängerinnen, eine Anwältin, der Chef eines Jobcenters, Ottmar Schreiner (SPD), Frank Steffel (CDU), Cem Özdemir (Grüne), Markus Söder (CSU), der ehemalige Bezirksbürgermeister von Berlin-Neukölln, Günther Wallraff, die Leiterin der Dresdner Tafel, Ursula von der Leyen (CDU), Klaus Ernst (Linke), der Präsident des Industrieverbands, ein Pfarrer und Jan Fleischhauer. Ja, richtig: kein einziger Mensch, der von Hartz IV lebt.

Eine ähnliche Erfahrung machte ich mit einer Stiftung, die mich bat, Teil einer Projektgruppe zum Thema Gerechtigkeit zu werden. Ich sagte einem Telefonat zu, in dem ich mich sehr schnell mit dem Mann am anderen Ende darüber stritt, ob es nicht notwendig sei, für ein Gespräch über Gerechtigkeit auch Menschen einzuladen, die sich die Anfahrt zum Tagungszentrum nicht leisten könnten und die Übernachtung schon gar nicht. Allzu viele Menschen, die die Welt als ihr Eigentum betrachten, weil sie wohlhabend aufgewachsen sind, meinen, sie kraft ihrer bloßen Präsenz zum Besseren verändern zu können. Aber wenn mit »besser« gemeint ist, dass die, die leiden, weniger leiden sollen, dann muss man die Menschen fragen, *woran* sie leiden, bevor man ihnen Kulturzentren baut und von »mehr Bildung« spricht, als könne man Bildung essen, als würde sie einen im Winter warm halten.

Arbeitslose könnten natürlich sehr gut für sich selbst sprechen, doch sie werden strukturell entmachtet. Mir dagegen wird die Position zugestanden, ihnen stellvertretend eine Stimme zu geben. Das ist ungerecht, aber es wäre auch dumm, wenn ich mich davon lähmen ließe. Also möchte ich es versuchen: so aufrichtig und kritisch wie möglich. Es wirkt schnell peinlich, links zu sein – manchmal habe ich das Gefühl, es ist kaum möglich, von einer gerechteren Welt zu sprechen, ohne sich selbst dafür ein bisschen zu verachten. Zu oft werden solche Positionen als Rituale von Salonlinken abgetan, die bei Rotwein und Käse von der Befreiung der Arbeiterklasse sprechen und sich dabei selbst sehr gut gefallen. Ich glaube, dass das trotzdem möglich ist: eine unpeinliche Stellungnahme für die Unterdrückten.

Als Aufsteigerin muss man immer verstehen lernen. Ich musste nachempfinden und adaptieren, wie Menschen denken und fühlen, wenn sie mehr Geld haben, als man zum unmittelbaren Überleben braucht. Menschen aus der Mittelschicht und Oberschicht müssen nie verstehen lernen, weil sie selbst ja der Maßstab sind. Wenn wir von »kulturellem Kapital« oder »sozialem

Kapital« sprechen, meinen wir damit immer die Fähigkeit, durch deren Welten zu navigieren. Die Fähigkeit, mit einem Hartz-IV-Satz zu überleben oder in einer Schlange vor der örtlichen Tafel nicht aufzufallen, hat keinen allgemein anerkannten Wert, sie ist kein »Kapital«. Die Fähigkeit, sich in einem Restaurant nicht zu blamieren und im Büro bei den Themen mitreden zu können, über die man gerade redet, dagegen schon. Seitdem ich mir solche Fähigkeiten aneigne, bemerke ich ein neues Verständnis für Dinge, die ich früher nicht ansatzweise verstehen konnte. Früher hätte ich zum Beispiel nie, nie, nie im Leben ein Taxi genommen, ich wäre gelaufen oder hätte stundenlang auf einen Bus gewartet. Ein Taxi zu nehmen, obwohl es andere Möglichkeiten gegeben hätte, fand ich verschwenderisch und verrückt. Heute ist Taxifahren wie teure Äpfel kaufen: Ich mache es, ich verstehe es, aber ich höre immer noch die Stimme in meinem Kopf, die sagt, dass das alles viel zu teuer ist. Die Stimme, die Angst hat, diese 15 Euro könnten meine letzten sein.

Wenn Menschen mit Geld empathisch sein wollen für die Wahrnehmung und Weltsicht der Armen, bedarf es einer viel größeren Anstrengung: Ich kann, ohne dabei groß aufzufallen, die Lebensweisen der Reichen adaptieren. Taxi, Rotwein, Käse, Sie wissen schon. Wäre ich arm geblieben, würde ich diese Dinge heute nicht verstehen, ich würde sie immer noch verachten. Aber wer Geld hat, der kann sich nicht bei der Tafel anstellen oder ins Sozialkaufhaus gehen. Weil das natürlich anmaßend wäre und einer Form des Elendstourismus gleichkäme.

Was also fehlt, ist eine Form des Verständnisses füreinander, die nicht auf Adaption beruht, sondern auf Empathie. Damit meine ich keine Beschönigung, kein bewunderndes Betrachten des edlen, wilden Armen, der gegen die widrigen Umstände kämpft. Sondern das Vertrauen anderen Menschen gegenüber, dass sie für sich in der Situation, in der sie sind, die richtigen Entscheidungen treffen. Wenn sich ein Arbeitsloser von den letzten paar Euro auf dem Konto einen Kasten Bier kauft, verdient er dafür das gleiche Verständnis wie die Managerin, die morgens in der Businessclass von Berlin nach München fliegt und abends wieder zurück. Beide sind eingespannt in einen Kontext aus Gefühlen, Zwängen und Gewohnheiten, die sie nur selbst kennen.

Die Frage nach der Möglichkeit von Empathie ist es auch, die den Blick auf Arbeitslose vom Blick auf andere nicht arbeitende Menschen in unserer Gesellschaft unterscheidet. Viele Menschen, vor allem Männer, denen ich sage, dass ich über Arbeitslosigkeit schreibe, wollen supersmart wirken und merken an, dass ja auch der Rentner und der Privatier nicht arbeiten und dass eine »Hausfrau« ebenfalls nicht Lohnarbeit im engeren Sinne erledigt. Das ist nicht ganz falsch, aber doch ein bisschen. Denn der Arbeitslose ist in dieser Reihe der Einzige, der nicht *wirtschaftet* und sich folglich außerhalb unseres Systems konventioneller Sinnstiftung befindet. Eine Rentnerin nährt sich von den Früchten ihrer eigenen Arbeit – sie hat gespart, sie hat vorgesorgt, sie hat sich die Versicherungsleistung *verdient*. Der Privatier verwendet seinen Haufen Geld, um ihn noch größer werden zu lassen: Er lässt seinen Finanzverwalter Aktien kaufen, er investiert in Immobilien. Und die Menschen, die Care-Arbeit leisten, finden darin unmittelbar einen Sinn. Schließlich ziehen sie kleine Menschen groß oder kümmern sich um alte Menschen und geben dabei vielleicht das Geld, das ihre Partnerin verdient, für Dinge aus, die allen nützlich sind. Sie sorgen sich um jemanden, sie haben eine Funktion. Mir geht es nur in zweiter Hinsicht um die Menschen, die keiner Lohnarbeit nachgehen. Vor allem möchte ich über diejenigen sprechen, die man seit Beginn der Industrialisierung als

»Verelendete« bezeichnet hat: die Perspektivlosen, die Verarmten, diejenigen, die man den Arbeitern als verzerrenden Spiegel vorhält, um ihnen zu zeigen, wie sie enden, wenn sie sich nicht anstrengen. Die Art, wie unsere Gesellschaft die Hausfrau und den Rentner behandelt, ist dabei nicht egal, aber sie ist für die Beschreibung des Elends und seiner Wirkungen weniger wichtig.

Dieses Buch hat kein Happy End. Es belegt nicht, dass eine junge Frau, die mit Hartz IV aufwächst, in Deutschland alles erreichen kann, was sie sich wünscht. Es macht die Traurigkeit, die ich als Kind gespürt habe, nicht ungeschehen oder gar sinnvoll. Es ist eine Aufforderung zu einem neuen Verständnis, zu einer neuen Großzügigkeit, zu einer dadurch erst greifbar werdenden neuen Sozialpolitik. Ich erzähle meine Geschichte, weil sonst niemand diese Geschichten erzählt – und wenn es doch mal passiert, dann meistens falsch oder ideologisch überfrachtet. Ich schreibe auf, was ich weiß, was ich erlebt und gelernt habe. Ich würde das nicht tun, wenn ich nicht daran glaubte, dass Texte etwas ändern. Und wenn dieser Text am Ende doch nichts ändert, dann kann ich Menschen, die mich wütend machen, jetzt mit 200 Seiten Hardcover bewerfen, anstatt sie böse anzuschauen und die Wut in mich hineinzufressen. Ich bin genügsam.

WORK WORK WORK WORK WORK WORK

Warum uns die Arbeitslosen unheimlich sein müssen

Arbeitslosigkeit ist kein »Schicksal«, das ein paar Menschen überraschenderweise widerfährt. Früher dachte ich das. Und es war mir peinlich, dass es ausgerechnet meine Eltern getroffen hatte. Ich versuchte, ihre, unsere Situation vor Freunden und in der Schule zu verheimlichen – sie hätten genauso gut Syphilis haben können, so peinlich war es mir.

Aber Arbeitslosigkeit prägt uns alle, selbst wenn wir das Gefühl haben, dass sie uns nicht betrifft.

Es gibt eine sehr einfache Antwort auf die Frage, warum wir Arbeitslosigkeit brauchen. Wir leben im Kapitalismus, und im Kapitalismus gibt es im Grunde zwei Arten von Menschen: Die einen *geben* ihre Arbeit, um dafür Geld zu bekommen und sich mit diesem Geld ihre Bedürfnisse zu erfüllen. Die anderen *nehmen* diese Arbeit und verdienen an ihr Geld. Die Begriffe Arbeit*geber* und Arbeit*nehmer* werden also gemeinhin falsch herum verwendet. Damit die Beziehung zwischen Arbeit*gebenden* und Arbeit*nehmenden* maximal profitabel für die Arbeit*nehmenden* ist, also für diejenigen, die Firmen besitzen und Aktien und Konten auf Steuerparadies-Inseln, braucht der Kapitalismus einen Überschuss an Arbeit*gebenden*. Es muss mehr Menschen geben, die arbeiten müssen, als es Arbeitsplätze gibt. Denn entsteht zum Beispiel eine neue Firma oder wird eine Innovation auf den Markt gebracht, dann muss es ja Menschen geben, die dort arbeiten, Produkte herstellen, Mails schreiben, in Meetings sitzen, Sachen organisieren, putzen, Kopierpapier bestellen, das neue Produkt verpacken und verschiffen und so weiter. Hätten alle Menschen eine Arbeit, würde also der Traum der Vollbeschäftigung tatsächlich wahr, wäre die Suche nach Arbeit*gebenden* für die Arbeit*nehmenden* sehr mühsam: Sie müssten kompetente Menschen davon überzeugen, in ihr Unternehmen zu kommen, sie müssten sogar den Reinigungskräften gute Arbeitsbedingungen anbieten, damit sie ihnen die Klos saubermachen. Vielleicht würden sie auch niemanden finden, der für sie arbeitet. Dann müssten sie die Innovation verwerfen, das Unternehmen schließen, der neue Beitrag zum Wirtschaftswachstum bliebe aus.

Wenn also die Arbeit*nehmenden* niemanden mehr finden, der Briefe sortiert oder Pakete schleppt oder Kinder betreut, dann gibt es kein Wachstum. Der Gewinn kann nicht maximiert werden, es können nicht genug Waren ausgeliefert werden. An das Wachstum haben wir uns gewöhnt, denn Wachstum ist unterhaltsam; dass es jedes Jahr viermal eine neue H&M-Kollektion gibt und viermal Schlussverkauf, dass es statt nur Leinsamen nun im Supermarktregal auch Quinoasamen gibt, dass also alles permanent mehr wird, neu, besser. Wenn die Arbeit*nehmenden* nun aber gezwungen wären, Arbeit teurer zu bezahlen, und zwar nicht nur die Arbeit der gut ausgebildeten Fachkräfte, sondern auch die Arbeit des Putzmanns und der Klempnerin, dann würden die Produkte teurer, die wir so gerne kaufen – denn ein größerer Teil des Umsatzes müsste für Löhne verwendet werden. Letzteres würde bedeuten, dass ein geringerer Teil des Geldes, das die Arbeit*nehmenden* erwirtschaften, als Gewinn deklariert werden kann. Aber an Gewinnen müssen sich Unternehmen messen lassen. Einerseits, weil der Wert ihrer Aktien davon abhängt, und andererseits, weil sich Gewinne reinvestieren lassen, etwa in die Entwicklung neuer Produkte, für die man dann wieder Arbeit*gebende* braucht. Es ist ein faszinierender Kreislauf, dieser Markt. Schade nur, dass ein paar Leute von ihm ausgeschlossen werden müssen, damit alles läuft.

Für »die Wirtschaft«, womit normalerweise das System der Maximierung des Kapitals derjenigen gemeint ist, die sowieso schon am meisten davon haben, ist es deshalb besser, wenn Menschen um Jobs konkurrieren anstatt Jobs um Menschen. So lassen sich die überschüssigen Menschen schnell und billig mieten, etwa durch Zeitarbeitsfirmen oder befristete Verträge. Marx hat für diese Menschen den Begriff »Reservearmee« benutzt, was auch deshalb so treffend ist, weil darin mitschwingt, dass diejenigen, die ihre Arbeitskraft verkaufen müssen, um überleben zu können, ihrer Individualität und ihres Mitspracherechtes beraubt werden: Soldaten tragen Uniform und werden nicht gefragt, sondern eingezogen und entsendet – dorthin, wo die entscheidenden Kämpfe stattfinden.

Und deshalb brauchen wir Arbeitslose: Damit es ein paar Doofe gibt, die auf Abruf günstig bereitstehen.

Es gibt noch eine zweite Antwort, und die beginnt mit einem Lied der Sängerin Rihanna. *Work work work work work work / he said me haffi work work work work work work*, so fängt der Song an, der eigentlich recht viel Text hat, von dem aber die meisten Leute nur genau diese Zeilen mitsingen können, die sich immer wiederholen. *Work work work work work work. Arbeit Arbeit Arbeit Arbeit Arbeit Arbeit.* Das Lied bildet ab, was Hannah Arendt in *Vita Activa* beschrieben hat: Dass der Begriff »Arbeit«, der früher einmal so viel bedeutete wie Mühe oder Plage und in dem angelegt war, dass Menschen sich körperlich schinden, inzwischen seinen Sinn verloren hat.[8] Arbeit ist überall, sie ist ein Schreibtisch im Callcenter, sie ist die Hausarbeit an der Universität, sie ist der Wurf mit fünf Welpen im Keller eines Golden-Retriever-Züchters, sie ist die Recherche des Journalisten, der Nachhilfeunterricht fürs Abitur, der Entwurf des Architekten, der Trainingsplan im Fitnessstudio und ein Gespräch unter Kollegen beim Feierabendbier. Arbeit ist das, was alles bestimmt: unsere Identität, unser Familienleben, unseren Freundeskreis und unseren Wohnort.

Ich halte nicht viel davon, das Mittelalter übermäßig zu romantisieren: Es muss sehr gestunken haben, man starb an der Pest und lebte zwischen den eigenen Exkrementen. Ich bin dankbar dafür, heute zu leben und nicht damals. Dennoch gestand man in der Zeit vor der Reformation denen, die nicht arbeiteten, den Bettlern, den Verrückten, eine Funktion innerhalb des gesellschaftlichen Gefüges zu, die man ihnen heute abspricht; »die weltlichen Bettler wurden, da sie ja dem Besitzenden Gelegenheiten zu guten Werken und Almosen gaben, gelegentlich geradezu als ›Stand‹ bezeichnet«, schrieb Max Weber.[9] Ein Bettler hatte eine Funktion – er lieferte anderen eine Dienstleistung, indem er ihnen ein gottgefälliges Leben bestätigte, so wie der Schuster ihnen die Schuhe lieferte. Jeder Mensch hatte seinen Platz und jedes Leben seinen Sinn, schließlich war es von Gott geschaffen worden, der dem Einzelnen nichts auftrug als zu überleben, zu beten und dabei so wenige Sünden wie möglich zu begehen. Der Mensch sollte so existieren, wie es schon seine Vorfahren getan hatten, und er sollte nicht mehr wollen als das, was ihm eben gegeben war. In diesem Sinne war der Bettler vielleicht arm und auf Almosen angewiesen – aber seine gesellschaftliche Position war nicht defizitär, ihm *fehlte* nichts. Der Arbeits*lose* hingegen wird durch das definiert, was er *nicht* hat. Es haben sich also ein paar Dinge verschoben in den vergangenen Jahrhunderten. Wie ist das passiert?

»Bist du katholisch oder evangelisch?«, haben wir uns früher auf dem Schulhof in der Grundschule in meiner Mittelstadt im Ruhrgebiet gegenseitig gefragt, und jedes Mal musste ich sagen: »Nichts.« So wie ich Hunderte weitere Male »nichts« geantwortet habe, wenn man mir die Frage stellte, was meine Eltern arbeiteten. Diese Antwort warf die Fragenden aus ihrer gewohnten Bahn, egal ob es um Religion ging oder um Arbeit. Meine Grundschulfreundinnen sahen mich an und wussten nicht, wie das gehen soll: *nichts.* »Wenn du nicht getauft bist, hast du dann überhaupt einen Namen?«, fragten sie. Genau wie ich heute manchmal gefragt werde: »Wenn Ihre Eltern nicht arbeiten, wovon haben Sie denn dann gelebt?« Ich kann diese Nachfragen, diese großen Augen und ungläubigen Blicke, niemandem übelnehmen. Denn wir haben gelernt, uns vor dem Nichts zu fürchten.

Wie sich das Denken einer Gesellschaft und der darin befindlichen Individuen wandelt und wovon es beeinflusst wird, ist nicht ganz leicht nachzuvollziehen – vor allem nicht, wenn sich der Wandel über Jahrhunderte vollzieht. Es gibt nicht *eine* Wahrheit oder *eine* richtige Antwort, denn es geht ja um Menschen und nicht um Mathematik. Aber ich glaube, dass sich vieles über den Blick der Gesellschaft auf die Arbeitslosen verstehen lässt, indem man sich die Geschichten von vier Männern und die Umstände ihrer Zeit anschaut: Martin Luther, Johannes Calvin, Benjamin Franklin und James Watt.

Der amerikanische Soziologe Thorstein Veblen begreift die Entstehung einer wohlhabenden Klasse als das einschneidende Moment, in dem in einer Gesellschaft Konkurrenz entsteht. Völker, die keine wohlhabende beziehungsweise »vornehme« Klasse haben, beschreibt Veblen als »friedlich, seßhaft, arm«.[10] In Deutschland bildete sich diese vornehme Klasse im 16. Jahrhundert durch den Handel mit Waren in den Städten heraus.

Mit zunehmendem Wohlstand gewann das städtische Bürgertum in den folgenden Jahrhunderten immer mehr an Selbstbewusstsein, gerade gegenüber dem ländlichen Adel. Die Bedeutung der Lohnarbeit wuchs, zugleich setzten sich die Lehren Martin Luthers und der Reformatoren immer weiter durch. Luther hatte gegen den Klerus aufbegehrt, der sich an den Gläubigen bereicherte. Den neuen Dogmen zufolge konnte irdisches Handeln nicht beeinflussen, ob ein Mensch nach seinem Tod Erlösung finden würde oder nicht. So hielt Luther die Praxis der Mönche, sich selbst zu geißeln und ein möglichst sündenfreies Leben zu führen, für Unsinn. Ob man Ablassbriefe kaufte oder den Armen zu essen gab oder zur Beichte ging: Alles, was zählte, war der Glaube selbst. Luther stellte Riten in Frage, die der Katholizismus zur Sündenvergebung eingerichtet hatte. Die Vergeltung von Sünde fand nicht mehr nur in der Hölle statt, sondern in der Welt – man musste sich also einerseits permanent vor Gottes Zorn fürchten und konnte sich andererseits nicht sicher sein, ob man am Ende errettet würde.

Auf Berufe legte Luther sehr viel Wert. Er glaubte daran, dass jeder Mensch von Gott zu einer Tätigkeit bestimmt sei. Und wer nichts tat, der war von Gott quasi übersehen worden. Luther legte dennoch so etwas wie ein reformatorisches Hartz-Konzept vor; zu seiner Zeit besaß die Kirche dank der Spenden ihrer Gläubigen eine Menge Grundeigentum. Es hatte sich seit dem vierten Jahrhundert akkumuliert, als die wohlhabenden römischen Familien christlich wurden und begannen, als Bischöfe oder geistliche Autoren zu arbeiten. Hatte es in der Bibel noch geheißen, dass eher ein Kamel durch ein Nadelöhr gehe, als dass Reiche in den Himmel kämen, galt Besitz fortan nicht mehr als unchristlich – auch weil er oft der Kirche vererbt wurde.[11] Reichtum war akzeptabel, solange man ihn im christlichen Sinne verwendete. Luther forderte nun, die Klöster zu schließen beziehungsweise es den Mönchen darin zu ermöglichen, die Klöster zu verlassen, und die Reichtümer der Klöster »zum allgemeinen Besitz einer Gemeindekasse« zu geben, »woraus man nach christlicher Liebe allen gebe und leihe, die im Lande bedürftig sind«. Vollbeschäftigung und ein soziales Netz, das die Menschen in Notlagen auffängt, waren also schon 1523 als Idee und Bestrebung vorhanden. In seiner Bibelübersetzung führte Luther auch den Begriff des »Aussätzigen« ein. Er meinte damit die Kranken, die zum Wohle der Gesellschaft isoliert wurden. Krankheiten und vor allem Seuchen sah man als Ausdruck der Erbschuld – und Bettler und Arme als die hauptsächlichen Verbreiter von Krankheiten. Sie führten den Menschen die Vergänglichkeit des irdischen Lebens vor Augen, man vermutete, ihre Krankheit sei ein Merkmal des Teuflischen. Deshalb wurden die Aussätzigen aus den Städten vertrieben – einerseits, um eine Ansteckung mit dem Teuflischen zu vermeiden, und auch, weil man sie nicht sehen wollte – wobei die christlichen Überzeugungen der Menschen immerhin dafür sorgten, dass man die Kranken nicht einfach verrecken ließ. Als sich etwa die Lepra in Europa ausbreitete, wurden für die Kranken Leprosorien errichtet – also Einrichtungen, in die man sie abschob, damit sie den Rest der Bevölkerung nicht ansteckten. Man richtete sie nicht hin, sondern versorgte sie weiter und ließ die Krankheit den Rest tun. Die Leprosorien, Gefängnisse für Leprakranke, erfüllten für die Bevölkerung das Bedürfnis nach Abgrenzung vom Gottverlassenen. Die dort untergebrachten Menschen galten sogar offiziell als tot, ihr Erbe teilte man auf, wenn sie einzogen. Gleichzeitig waren die Leprosorien in gewisser Weise Orte der Gnade. Denn die Kranken wurden versorgt, man gab ihnen zu essen und zu trinken. Es soll sogar Arme gegeben haben, die die Lepra in Kauf nahmen, um im Leprosorium zu wohnen.[12]

Währenddessen hatten vor allem im angelsächsischen Raum und in den nordamerikanischen Kolonien der englischen Krone, die sich später als Vereinigte Staaten unabhängig machten, die theologischen Gedanken von Johannes Calvin noch größeren Einfluss als Luthers Thesen. Calvin war wie Luther davon überzeugt, dass durch gute Taten allein keine Erlösung möglich wäre. Stattdessen bestärkte er den Gedanken der Prädestination: Es gebe unter den Menschen eben Auserwählte, die in den Himmel kämen, und Nicht-Auserwählte, denen keine Erlösung bevorstünde. Daran ließe sich im Verlauf des Lebens nichts ändern; man würde einfach als eines von beidem geboren, auserwählt oder nicht auserwählt. Wer aber am eigenen Auserwähltsein zweifelte, wer sich also vor dem Tod fürchtete, der war mit ziemlich großer Sicherheit vom Teufel besessen und deshalb nicht auserwählt. Als Ablenkung von den Zweifeln wurde Arbeit empfohlen.

Um die Angst vor dem Tod zu überwinden, half es also nicht, Bettlern Geld zu geben oder ganz fest an Gott zu glauben – stattdessen musste man arbeiten, weil das mit Sicherheit gottgefällig war. Derjenige, der nicht arbeitete, wurde dadurch zwangsläufig zu jemandem, der nicht das Richtige tat. Die Menschen gerieten aufgrund ihres Glaubens unter Erfolgsdruck.

1618 begann der Dreißigjährige Krieg. Es war ein Krieg der Dynastien, ein Krieg der Konfessionen, der Reichsstände. Jeder kämpfte plötzlich gegen (fast) jeden – und zahlen musste die Bevölkerung. Die Armeen forderten von den Bauern »Kontributionen« ein: Bargeld, um den Krieg zu finanzieren. Die Bauern litten natürlich darunter, in vielen Gebieten wurden sie infolge des Krieges quasi ausgerottet. Am Ende einigte man sich auf ein einigermaßen friedliches Nebeneinander von Lutheranern, Calvinisten und Katholiken – aber der Krieg hatte in eine Rezession geführt: Fürstentümer waren verschuldet, Bauern mussten ihr Land verkaufen, ein Drittel der Menschen war gestorben.

Die Bevölkerung wuchs nun zwar stetig wieder an, doch das führte dazu, dass Nahrungsmittel teurer wurden, da mehr Menschen versorgt werden mussten. Zugleich war Arbeit weniger wert, da es zwar viele Menschen gab, aber die Wirtschaft der Bevölkerung erst hinterherwachsen musste – es gab noch nicht genug zu tun für alle. Die Städte Europas waren bevölkert von Verelendeten, für die es keine Verwendung gab und natürlich auch noch kein soziales Sicherungssystem, weshalb man sie »Bettler« nannte. Weil nicht genug Arbeit da war, um alle zu versorgen (und weil es nicht danach aussah, dass der Markt die Sache in absehbarer Zeit regeln würde), beschlossen die damaligen Herrscher in Europa, die Armen – wie zuvor die Leprakranken – aus der Stadt zu schaffen, außer Sichtweite. Im Jahr 1656 wurde das *hôpital générale* in Paris gegründet, eine Verwaltungsstelle für verschiedene Einrichtungen, die ihren einzigen Zweck in der Unterbringung der Armen hatten. Wenige Jahre nach der Gründung hatte man 6000 Menschen in diesen Häusern interniert – ein Prozent der Stadtbevölkerung. Ähnliche Einrichtungen gab es in Deutschland und in England. Wer nicht arbeitete, war elend, und wer elend war, der wurde früher oder später wahnsinnig – auch wenn man Wahnsinn damals nicht auf Mangel zurückführte. Die Arbeitslosen und Wahnsinnigen waren also eine bettelnde, bedürftige Masse. Man grenzte ihre Existenz ab von jener der »rechtschaffenen«, »vernünftigen« Bevölkerung. Bevor psychische Krankheiten als Krankheiten mit unterschiedlichen Symptomen und Ausprägungen identifiziert wurden, verband die Ausgegrenzten genau ein Merkmal: Ihnen fehlte eine Arbeit.[13] Müßiggang wurde im 16. und 17. Jahrhundert zur Leitsünde erklärt, es galt als aller Laster Anfang.

Arbeit hatte schon seit der griechisch-römischen Antike ein Gegenteil, das damals allerdings nicht Arbeitslosigkeit hieß, sondern Müßiggang oder Faulheit.[14] Im Jahr 1569 erschien der Text »Faulteuffel – wider das Laster des Müßigganges« des Reformators Joachim Westphal. Darin heißt es über den Teufel, dass die Arbeit ihm nicht gefiele, da sie sein Reich nicht vergrößere, »darum hindert er auch so gerne und fleißig die Christen an ihrem Beruf, mit List, Gewalt, und wie er nur kann und mag (…) nur das suchet und will er: dass sie sich in Sünden üben und bemühen sollen (…) dass also wahrlich, wenn man sich umsiehet die Welt sehr viel trägt der inutilia pondera, faulen Tropfen, die die Erde beschweren und darüber aber niemand nichts nützen (…) da ist ein Bettler so arm, er will lieber hunger leiden denn arbeiten«. Aus dem Text spricht große Verachtung für die Armen – und gleichzeitig steht allem voran die Apologetik: Sie können nicht anders, sie sind vom Teufel besessen.

Aus den Aufzeichnungen, die es über die Menschen in den Internierungshäusern gibt, sollte man im Rückblick allerdings nicht versuchen, medizinische Diagnosen abzuleiten. Wichtig ist, wofür diese Menschen standen: für die Abwesenheit von Vernunft, für das offensichtlich Falsche. Mit den Menschen in den Internierungshäusern wurden im 17. Jahrhundert nun zwei Dinge getan: Einerseits wurden sie versorgt, damit sie überlebten. Das war die Gnade, die christliche Nächstenliebe, zu der die abendländische Gesellschaft sich verpflichtet sah. Andererseits wurden sie zur Arbeit gezwungen – zu einfachen, stupiden Arbeiten, für die man den billigen Bevölkerungsüberschuss gut gebrauchen konnte – und ihrer Rechte beraubt. Indem man die Armen beschäftigte, glaubte man auch, ihnen eine Chance auf Heilung zu geben. Natürlich funktionierte das nicht, da die Zustände in den Spitälern die Verfassung der dort lebenden Menschen nur verschlechterten. Für sie galten die Gesetze des jeweiligen Landes nicht, die Anstalten hatten eigenständige Direktorien, und in England regelten Ende des 17. Jahrhunderts sogar privatwirtschaftliche Unternehmen das Leben dort.

Die Internierung war in ihrer Bedeutung vielschichtig: Einerseits enthielt sie das Eingeständnis, dass man sich um die Elenden kümmern musste, dass es also so etwas wie eine Fürsorgepflicht der Herrschenden gab – die Spitäler ließen sich als eine sehr frühe Form von Sozialstaatlichkeit beschreiben. Dann wiederum ging es nur vorgeblich darum, zu helfen oder zu heilen. In Wirklichkeit mussten die Herrschenden demonstrieren, dass das Herumlungern, der Müßiggang, also das, was der Arbeitslose tat, moralisch verwerflich war und deshalb zur Internierung führte. Dadurch konnten sich jene, die ihre Arbeit gaben, als moralisch überlegen und vernünftig definieren. Diejenigen, die ein Auskommen hatten, weil sie einen Ort gefunden hatten, um ihre Arbeitskraft zu verkaufen, entwickelten ein ambivalentes Verhältnis zu Arbeitslosen und Wahnsinnigen, geprägt von Gnade und Abgrenzung, Verachtung und Mitleid.

Im Jahr 1706 wurde Benjamin Franklin in Massachusetts als 15. Kind seiner Eltern geboren, die aus England in die »Neue Welt« emigriert waren, um der Armut in Europa zu entkommen. Wie viele andere versprachen sie sich von dem Neuanfang in den nordamerikanischen Kolonien materielle Sicherheit und ein besseres Leben. In England hatten sie die theologischen Gedanken von Johannes Calvin kennengelernt, die sie an ihre Kinder weitergaben. Benjamin Franklin wurde nach zwei Jahren von der Schule genommen, weil sein Vater sich die Schulbildung nicht mehr leisten konnte. Er ging bei seinem älteren Bruder in die Ausbildung zum Drucker und reiste mit etwa 20 Jahren nach London, weil er hoffte, dort Geschäftspartner und Arbeit zu finden, was jedoch nicht funktionierte. Auf der elfwöchigen Rückreise im Jahr 1726, so die Legende, schrieb Franklin seinen *Plan for Future Conduct,* also einen Plan für sein zukünftiges Verhalten, in dem er sich vornahm, sparsam und ehrlich zu sein, Schulden immer zurückzuzahlen, nie schlecht von anderen zu sprechen und sich vollkommen seinem Beruf zu widmen, da Arbeit und Geduld zu Wohlstand führen würden.

Er wurde Herausgeber einer Zeitung, der *Pennsylvanian Gazette,* in der er unter Pseudonym selbst Essays schrieb. Unter anderem entwickelte er die Kunstfigur »Poor Richard«, die er mit den Grundcharakteristika eines fleißigen, braven Arbeiters ausstattete und der er Ratschläge zum Umgang mit Geld in Form von lustigen Sprüchen in den Mund legte. In seinem Buch *The Way to Wealth* (der Weg zum Wohlstand) von 1739 waren einige dieser Sprüche über die Tugenden des Fleißes und der Sparsamkeit versammelt: *Idioten geben Feste, weise Männer essen dort. Pass bei den kleinen Ausgaben auf, ein winziges Leck kann ein großes Schiff versenken. Kümmere dich um dein Geschäft, und dein Geschäft kümmert sich um dich.* Sie werden noch heute in den USA zitiert, wenn es um individuellen Arbeitsethos geht und darum, dass jeder Mensch zuallererst für sich selbst sorgen sollte, anstatt die Hilfe von anderen anzunehmen. Max Weber hat die darin verkörperten Ansichten eine Philosophie des Geizes genannt, weil ihnen zufolge nur derjenige als ehrwürdig gilt, der wie ein Wachhund vor dem eigenen Geld steht und keinerlei Großzügigkeit kennt. Dabei blendet er allerdings aus, dass es Franklin nicht so sehr darum ging, von seinem Geld nichts abzugeben. Manche halten ihn sogar für so etwas wie den Begründer der amerikanischen Wohltätigkeitskultur, bei der die Reichen Verantwortung für das Gemeinwohl übernehmen.

Genau wie alle anderen weißen Männer in den britischen Kolonien hatte Franklin die Abgrenzung zu den Armen psychologisch gar nicht nötig. Das Amerika, in dem er lebte, brauchte keinen Bevölkerungsüberschuss, um jederzeit auf billige Arbeitskraft zurückgreifen zu können, denn es gab Sklaven, die zu Hunderttausenden aus Afrika verschifft wurden und als Eigentum nach Belieben eingesetzt werden konnten. Franklin selbst ging zwar davon aus, dass die Sklaverei von alleine aussterben würde, weil sie nicht wirtschaftlich war. Aber vor allem außerhalb des urbanen Kontextes, in dem er sich bewegte, auf den Plantagen des Südens, beruhte vieles auf Sklavenarbeit. Außerdem war die Bevölkerungsdichte in der Neuen Welt gering, und Land war ausreichend vorhanden. Natürlich gab es mächtigere, vermögendere Menschen – aber der Rest der weißen Bevölkerung hatte noch nicht das Gefühl, dass diese Vermögen unrechtmäßig verteilt oder für sie selbst unerreichbar wären. Deshalb stellte sich noch keine Konkurrenz um Arbeit oder Vermögen ein. In den Schriften Franklins sind zwar die Elemente des Geizes und der Emsigkeit enthalten, die ihm von manchen vorgeworfen werden. Aber als »faul« bezeichnet er nicht diejenigen, die keine Arbeit finden, sondern jene, die Sklaven besitzen, anstatt selbst zu arbeiten.

Dies zeigt, dass es in Franklins Wahrnehmung keinen Kampf *um* Arbeit gab, in dem die Schwächsten unterlagen. Stattdessen sah er die Arbeit als notwendigen Umstand, bei dem jeder mitwirken wollte und konnte. Der Kampf *bei* der Arbeit, also der Wille zur besten Leistung, und die Vorsicht im Umgang mit Geld waren also individuell, aber die Arbeit war ein kollektives Unterfangen, bei dem jeder seinen Platz einnahm. Man kann also die Schriften Franklins heute als den Beginn der amerikanischen Leistungskultur betrachten, als Grundlage für einen Jeder-kämpft-für-sich-Individualismus. Aber sieht man sie in ihrem historischen Kontext, dann wirken sie gar nicht mehr so. Denn Franklin kannte eben das Element nicht, das in den folgenden Jahrhunderten das Elend des Proletariats auslösen sollte: die Konkurrenz – um Arbeit, um Eigentum, um Vermögen. Solange es noch Land zu erschließen gab und Sklaven auszubeuten und eine geringe Bevölkerungsdichte, gab es diese Konkurrenz nur in abgeschwächter Form. Was von Benjamin Franklin im kollektiven Bewusstsein geblieben ist, ist der individualistische Leistungsgedanke. In Vergessenheit geraten ist seine Betrachtung der Arbeit als solidarisches Projekt, bei dem jeder zum Wohle aller seinen Teil tut.

Als Franklin 1790 in Philadelphia starb, hatte James Watt in England gerade die Dampfmaschine entscheidend fortentwickelt. Zuvor hatte man Kohle ausschließlich zum Heizen verwendet und die Maschinen in den englischen Baumwollfabriken mit Wasserkraft angetrieben. Wasserräder waren als Energielieferanten schlichtweg günstiger als Kohle, denn das Wasser floss von selbst, die Kohle hingegen musste man kaufen. Deshalb dauerte es Jahrzehnte, bis in die 1830er Jahre, ehe es mehr dampfmaschinenbetriebene Baumwollfabriken in England gab als wasserenergiebetriebene. Dass sich die Dampfmaschine schließlich gegen die Wasserenergie durchsetzte, lag dabei nicht daran, dass sie die Arbeit effizienter gemacht hätte. Sondern, so analysiert es der schwedische Ökonom Andreas Malm, dass die Arbeit dadurch *kontrollierbar* wurde.[15] In einem Aufsatz des Unternehmensberaters John Farey von 1827, den Malm zitiert, schreibt Farey, dass die Dampfmaschine es Unternehmern ermögliche, ihre Fabriken dorthin zu bauen, wo die Arbeiterinnen sind. Wer bis dato eine Baumwollfabrik in der Nähe eines Wasserfalls errichten wollte, musste zusätzlich gleich ein ganzes Dorf errichten und Menschen Anreize geben, dorthin zu ziehen. Mit der Dampfmaschine war das vorbei:

Fabriken mussten nun nicht mehr um die Menschen
die ihnen ihre Arbeit geben sollten. Malm zitiert eine
wollfabrikanten, der dank seiner durch die Dampf
neu gewonnenen Macht über die Arbeiterinnen sagen konnte: »Wenn sie nicht montags um 9 Uhr erscheinen, holen wir uns neue.« Die Arbeitstage dauerten 12 Stunden, und »neue« Menschen gab es genug, denn aus der Fortentwicklung der Landwirtschaft und der Verbesserung der medizinischen Versorgung ergab sich ein rasches Bevölkerungswachstum. Gleichzeitig brauchte man immer weniger Menschen, um immer mehr Felder zu bestellen. Die Menschen flüchteten also vom Land in die Städte, weil sie dort auf Arbeit hofften – und fanden in den Städten vor allem die andauernde Konkurrenz um Arbeit und ein Leben in Elendsvierteln. Charles Dickens schrieb *Oliver Twist,* Victor Hugo schrieb *Die Elenden,* Friedrich Engels schrieb die *Lage der arbeitenden Klassen in England und Frankreich,* Georg Büchner schrieb *Woyzeck*, ein Drama über einen Mann, dessen Armut ihn körperlich und psychisch kaputtmacht. Das Drama ist nicht vollkommen fiktiv, es hat ein Vorbild, den Friseur Johann Christian Woyzeck, der aus Armut verrückt wurde, seine Geliebte tötete und hingerichtet wurde. Ein Arzt schrieb ein Gutachten über den Mann, in dem er ausführte, was die Hinrichtung der Jugend zeigen sollte, »daß Arbeitsscheu, Spiel, Trunkenheit, ungesetzmäßige Befriedigung der Geschlechtslust, und schlechte Gesellschaft, ungeahnet und allmählich zu Verbrechen und zum Blutgelüste führen können.«[16] Personen wie Woyzeck, also die Verelendeten, dienten als abschreckendes Beispiel für den Rest der Arbeiterschaft. Durch Watts Dampfmaschine, die mit dem starken Bevölkerungswachstum zusammenfiel, verlor die Arbeit Andreas Malm zufolge den Charakter eines gemeinsamen Projekts, mit dem die Menschen einander ernährten und beschäftigten.

Stattdessen entstand der Konkurrenzkampf zwischen denen, die Arbeit hatten, und denen, die Arbeit brauchten – und als Schiedsrichter fungierten diejenigen, die an der Arbeit der anderen verdienten.

Gleichzeitig wurde der Begriff der Arbeit gerade von Sozialdemokraten sakralisiert: Josef Dietzgen, ein Theoretiker der deutschen Arbeiterbewegung, nannte Arbeit den »Heiland der neueren Zeit«[17], Thomas Carlyle, ein schottischer Essayist, schrieb in den 1840er-Jahren, die vom Elend der Fabrikarbeiter geprägt waren, ebenfalls von der Heiligkeit der Arbeit[18], und aus dem Jahr 1919 ist das Zitat eines amerikanischen Gouverneurs überliefert, der sagte: »Wer eine Fabrik baut, baut einen Tempel, wer dort arbeitet, betet dort.« Je stupider die Arbeit also wurde und je mehr sie einem abwesenden Kapitalisten diente, desto stärker wurde sie mit Bedeutung aufgeladen.

Unser Denken formiert sich in Dichotomien, klaren Gegensätzen. Wenn es das Gute gibt, dann muss es auch das Böse geben. Wenn es das Richtige gibt, dann muss es auch das Falsche geben. Wenn es einen Sinn gibt, dann muss es auch einen Nicht-Sinn geben.[19] Und der personifizierte Nicht-Sinn, das Negativ dessen, was wir als »Normalität« empfinden, ist der Arbeitslose. Der Kapitalismus braucht den Arbeitslosen als Ressource. Die Bourgeoisie braucht die Ideologien über den Arbeitslosen, die Klischees, die RTL-Nachmittagssendungen, um sich ihrer selbst zu versichern. Der Arbeitslose bestätigt den Sinn der Arbeit. Indem wir jemanden identifizieren, der falsch lebt, wissen wir, dass wir richtig leben – indem wir arbeiten.

Bis zum ersten Weltkrieg nahm die Ungleichheit der Eigentumsverhältnisse in Europa immer krassere Ausmaße an. Vermögen konnten nur jene akkumulieren, die bereits Vermögen besaßen. Hinzu kam die Ausbeutung der Kolonien, deren Zahlungen zwischen 1880 und 1914 für einen Großteil der französischen und englischen Staatsvermögen zeichneten.[20] Das Verständnis von Arbeit als Konkurrenzkampf, das sich durchzusetzen begann, wurde begleitet vom schleichenden Verschwinden der Religion aus dem Alltag. Die Dampfmaschine ließ die Industrie wetter- und standortunabhängig werden. Man konnte immer schneller immer bessere Güter produzieren. Waren Krankheiten und Wetter früher riesige Bedrohungen gewesen, konnten sich die Menschen nun dank der Fortschritte von Medizin und Technologie einigermaßen vor ihnen schützen. Vor allem in den eher protestantisch geprägten Gebieten sank die sogenannte »Abendmahlsfrequenz«, also die Menge der Oblaten, die pro evangelischem Bewohner ausgeteilt wurden. Die Städte wuchsen immer schneller, die Kirchen konnten darauf nicht schnell genug reagieren. Zwar galt Arbeit weiterhin als gottgefällig, zugleich wurde sie mehr und mehr Selbstzweck: Vorher hatte man gearbeitet, um zu überleben und Gott zu gefallen – jetzt arbeitete man, um zu arbeiten. Verschiedene Initiativen und Parteien versuchten, die der Kirche »entfremdeten«[21] Industriearbeiter zurückzugewinnen, waren dabei aber wenig erfolgreich. Calvinismus und Protestantismus hatten Arbeit als Ablenkung und Vergewisserung gesehen. Durch die Industrialisierung und Urbanisierung setzte eine Umkehr ein; vorher war die Arbeit neben ihrer gottgefälligen Funktion notwendig gewesen, da man ja ein Mensch war, der essen und leben musste. Nun wurde in einem vorherigen Schritt die Arbeit notwendig, um sich überhaupt als Mensch zu begreifen, da die Anerkennung Gottes wegfiel.[22] Der Protestantismus hatte dafür die geistige Grundlage geschaffen, war doch die Arbeit sowohl für Luther als auch für Calvin ein zentraler Teil menschlichen Daseins gewesen. Dass sich die Schere zwischen Arm und Reich immer weiter öffnete, während die Armut in den Städten unübersehbar wurde, trug dazu bei, dass das Verständnis von Glück und Erfüllung sich änderte; von Erfüllung durch die Religion hin zu Erfüllung durch den beruflichen Erfolg beziehungsweise den Sieg im Konkurrenzkampf um die Arbeit.

1901 wurde das Drama *Drei Schwestern* von Anton Tschechow in Moskau uraufgeführt.[23] Vor allem die Figur der Irina beschreibt darin die Sinnsuche zwischen Arbeit und Glaube, in der sich die Menschen befanden; Irina arbeitet zu Beginn des Stücks nicht; seit dem Tod ihres Vaters, der viel Wert auf Bildung legte, sitzt sie nur mehr herum. Sie wünscht sich, einen Sinn für ihr Leben zu finden, und vermutet, er könnte in der Arbeit liegen: »Der Mensch soll arbeiten, sich abmühen im Schweiße seines Angesichts (…) darin allein besteht Sinn und Ziel seines Lebens (…) Wie gut ist es, ein Arbeiter zu sein, der (…) auf der Straße Steine klopft, (…) der die Kinder lehrt, oder ein Maschinist auf der Eisenbahn (…) bei heißem Wetter möchte man manchmal so trinken, wie ich jetzt arbeiten möchte«. Als sie allerdings anfängt, in einem Telegraphenamt zu arbeiten, stellt sie fest, dass sie »nicht die geringste Befriedigung davon« hat. Ihre Schwester Mascha, die als Lehrerin arbeitet und damit ebenso unglücklich ist, flüchtet sich in den Glauben, ohne ihn ernst zu nehmen: »Mir scheint, der Mensch muss gläubig sein, (…) sonst bleibt sein Leben leer.« Der Oberst Werschinin, ein gelegentlicher Hausgast der Schwestern, stellt nach Irinas Desillusionierung fest, dass die Menschen früher »mit Kriegen beschäftigt« gewesen seien. Nun hingegen »hat sich das alles überlebt und eine ungeheure leere Stelle gelassen.« Das ist natürlich stark zugespitzt, aber das Zitat enthält einen wichtigen Gedanken. Jahrhundertelang hatten die Menschen gegen die Natur zu kämpfen gehabt, gegen den Tod. Das bloße Überleben stand über dem Nachdenken über Ausbeutungsverhältnisse. Kriege und Krankheiten hatten den Menschen gewissermaßen unterhalten und getrieben. Nun aber, da der Kampf um das Überleben wegfiel, fingen sie an, gegeneinander um und bei der Arbeit zu kämpfen. Gleichzeitig gab es immer mehr Arbeiten, deren Sinn sich nicht direkt erschloss, weil er mit dem reinen Überleben nichts mehr zu tun hatte – so wie etwa die Telegraphie, die für Irina zwar eine Beschäftigung ist, aber keine Berufung. Tschechows Stück fällt in eine Zeit, in der in Europa Arbeit immer weniger eindeutig wurde, weil der Mensch in den Fabriken vor allem ein Rädchen in einer Maschine war. Genau diese Entfremdung sah Wilhelm Heinrich Riehl in seinem 1861 erschienenen Essay »Die deutsche Arbeit« weitgehend positiv. Er lobte die Arbeit, die nicht um des Gewinnes willen, sondern »in aufopferungsfreudiger Begeisterung um des idealen Erfolges willen unternommen wird«. Die Freude am Fleiß bei gleichzeitiger Ignoranz des eigentlichen Zweckes der Arbeit galt nun als besonders deutsch. Die Nützlichkeit und Gewinnorientierung waren für Wilhelm Heinrich Riehl das »Schaffen und Raffen« gewesen – ganz offensichtlich erwachsen diese Ansichten aus einem antisemitischen Weltbild: Deutsche arbeiten aus Freude an der Arbeit, Juden hingegen wollen nur Geld verdienen.

In seinem Buch *Die Angestellten* aus dem Jahr 1930 ließ der Soziologe Siegfried Kracauer Menschen zu Wort kommen, die über ihre Rolle innerhalb des Systems kapitalistischer Erwerbsarbeit sprechen.[24] Einer der für die Studie Befragten fühlte sich »außerordentlich geschmeichelt« von der Feststellung, dass er seine Tätigkeit so perfektioniert vorbereitete, dass er jederzeit von einem anderen ersetzt werden könnte. Dieser Mann hatte verinnerlicht, dass es nicht um seine individuellen Wünsche und Talente geht, sondern darum, die eigene Arbeitskraft so gewinnbringend (für das Unternehmen) wie möglich einzusetzen. Sein eigenes Verständnis von *Schaffen* war also nicht kreativ, Schaffen musste ihm keine persönliche Freude bereiten. Je mehr verschiedene Lohnarbeiten es gab, desto weniger offensichtlicher Sinn war in selbigen erkennbar – und desto mehr entleerte sich der Begriff »Arbeit« selbst. Wer arbeitete, sollte seine Bestätigung und Bestimmung bereits darin finden können, ein gut funktionierendes Rädchen zu sein.

Erst in dem Moment, in dem die Menschen realisieren, dass der Kampf untereinander, der Kampf um die Arbeitsplätze, vergeblich ist, wird das Versagen des Systems kurz zur gemeinschaftlichen Realität. In der Geschichte hat sich gezeigt, dass die Umstände für die Arbeitslosen sich immer dann verbesserten, wenn es besonders viele von ihnen gab. Nach dem Ende des Ersten Weltkriegs im Jahr 1918 wurde etwa eine »Erwerbslosenfürsorge« eingerichtet, schließlich gab es mehrere Millionen rückkehrende Soldaten, die nun nichts mehr mit sich anzufangen wussten. Aber auch bedürftige Frauen, die selbst für ihr Auskommen sorgen mussten, konnten diese Fürsorge beantragen.

Auch der *New Deal* von Franklin D. Roosevelt, der in den USA 1935 erstmals eine Sozialversicherung einführte, war eine Reaktion auf die Weltwirtschaftskrise, die dazu geführt hatte, dass ein Viertel der amerikanischen Bevölkerung ohne Arbeit war. Es ließ sich nicht mehr mit Ekel und Mitleid auf die Elenden herabschauen, die keine Funktion in der Gesellschaft gefunden hatten – denn auf einmal waren sie überall, als Nachbarn und Familienmitglieder und ehemalige Kollegen.

Wenn allerdings das Abgrenzungspotential wächst, wenn es also wenige Arbeitslose gibt, dann werden die Arbeitslosen – wie der verrückte Woyzeck – zum abschreckenden Beispiel. Denn sie tun nichts, was Sinn hat, und sie tun nicht einmal etwas Sinnloses um der Sache wegen. In denen, die nicht arbeiten, wird nicht nur das Was-wäre-wenn erkennbar, sie halten also nicht nur alle anderen dazu an, zu arbeiten. Sie sind auch das einzige Element innerhalb des Gefüges der Lohnarbeit, das der Arbeit noch irgendeinen Sinn gibt; klingt komisch, ist aber so. Der Glaube ist erstens längst nicht mehr so wichtig, wie er einmal war. Zwar gibt es noch die Überbleibsel der calvinistischen Ideen in unserem Denken, aber die Angst vor der Hölle ist längst nicht mehr der Grund, warum Menschen morgens aufstehen, um zur Arbeit zu gehen. Zweitens ist die Arbeit selbst kein gemeinsames Menschheitsprojekt mehr, da es zu viele Arbeiten gibt, die sinnmäßig recht unbefriedigend sind. Um der Arbeit und dem Leben einen Sinn zu geben, braucht man also eine Verkörperung von Sinnlosigkeit. Wenn eine Sache sinnlos ist, dann wird ihr Gegenteil sinnvoll und richtig. Wer nicht arbeitet, dessen Leben ist sinnlos. Wer nicht arbeitet, der *ist* nichts, denn er hat ja keinen Beruf. Wenn aber Arbeit dem Leben einen Sinn gibt, dann bedeutet Nicht-Arbeit, dass man gesellschaftlich bereits tot ist. In den Arbeitslosen von heute erkennen wir immer noch die Spuren der Lepra, den Wahnsinn der Verelendeten.

Der Arbeitslose ist uns unheimlich. Und zwar auf eine Weise, wie Freud »das Unheimliche« beschrieben hat: als das »Verhängnisvolle« und »Unentrinnbare«, das uns aber gleichzeitig bekannt ist beziehungsweise das sich in uns bekannten Strukturen und Räumen ereignet.[25] Das Unheimliche wird nach Freud gerade dadurch unheimlich, weil es ein Teil unserer Welt ist. Dass es Mörder gibt, macht noch niemandem konkrete Angst. Dass man irgendwann sterben muss, lässt sich die meiste Zeit ganz okay verdrängen. Aber wenn wir träumen, dass unter unserem Bett jemand mit einem Messer liegt, der uns umbringen will, dann zählt das als Albtraum. Der Arbeitslose ist genau das: ein Teil unserer Welt, weil er ja unverkennbar anwesend (und menschlich) ist und weil wir selbst unverschuldet arbeitslos werden könnten. Deshalb ist uns der Arbeitslose unheimlich, deshalb weichen wir ihm aus, belegen seine Existenz mit Scham, machen ihn zum Aussätzigen – wir halten ihn fern, weil er uns zu nahe ist. Arbeitslose hingegen haben keine Abstiegsängste. Sie sind von der Angst befreit, ihre Existenz zu verlieren, weil sie von dem ausgeschlossen sind, was wir als Existenz verstehen. Sie haben keine Funktion im Lohnarbeitsgefüge, keine gottgegebene Berufung, und auch die Wahlfreiheit bei all den Produkten, die der Kapitalismus hervorbringt, können sie kaum genießen, denn für sie bleibt eben allerhöchstens das Billigste. Ihr Leben ist ohne Arbeit sinnlos, und unser gesamtes soziales Sicherungssystem ist darauf ausgelegt, sie immer wieder darauf hinzuweisen.

Dabei ist es inzwischen relativ egal geworden, was genau die Arbeit ist, die jemand verrichtet, was genau jemand *erschafft* und was das anderen Menschen bringen soll; denn die Arbeit für sich wurde mit so viel Sinn aufgeladen, dass der Ballon irgendwann geplatzt ist. Heute sagen wir »Arbeit«, wenn wir unseren Trainingsplan im Fitnessstudio meinen oder drei Stunden vor Instagram hocken. Wir singen *work work work work work work* und haben keine Ahnung, was damit gemeint ist. Darin steckt am Ende das Eingeständnis davon, dass zwar aller Sinn aus der Arbeit entsteht – aber dass die Arbeit dazu nicht sinnvoll sein muss. Dem Arbeitslosen nehmen wir durch diese Haltung jede Möglichkeit, seinem Leben durch eine andere Tätigkeit als Lohnarbeit einen Sinn zu geben; denn es ist ja nichts sinnvoll außer Arbeit – egal, wie sinnlos diese ist.

IN DER WELT ZUMEIST FREMD

Warum wir uns vor Arbeitslosen fürchten

Es ist sechs Uhr morgens in Passau, eine Taxifahrerin holt mich am Hotel ab. Ich bin für einen Text über den Wahlkampf der Bayern-SPD unterwegs, gestern Abend gab es hier in der Stadt eine Veranstaltung mit der Politikerin Natascha Kohnen. Die Fahrerin fragt mich auf dem Weg zum Bahnhof, wohin ich fahre, ich erzähle ihr vom nächsten Termin mit Kohnen, ein Kaffeetrinken in einer bayrischen Mittelstadt, in zwei Stunden werde ich da sein. Sie fängt an, mir zu erzählen, dass den Politikern alles egal ist, dass sie vor Jahren aus ihrer Wohnung rausmusste wegen Schimmel, aber die Flüchtlinge, die bekommen alles in den Arsch geschoben, so ist es doch. Ich sage, dass es sicher ein Verteilungsproblem in der Gesellschaft gibt, dass es doch gut ist, wenn Flüchtlinge in Passau unterkommen, wenn man hilft, aber dass natürlich allen geholfen werden sollte. Dann sage ich, dass ich weiß, wie es ist, wenn das Geld knapp ist, weil meine Eltern arbeitslos sind. Und sie grummelt: »*Ich* zahle ja meine Steuern. Da kann ich doch wohl was erwarten dafür, dass ich arbeite.«

Jeder Mensch fragt sich, was das eigentlich ist: dieses *Ich*. Wir müssen uns unser selbst vergewissern, und wir tun das auf drei Weisen.[26] Wir haben erstens Meinungen über uns selbst, wir finden also zum Beispiel, dass wir gut aussehen oder dass wir interessante Gedanken haben. Wir bewerten uns zweitens im Vergleich zu anderen, stellen also zum Beispiel fest, dass wir weniger interessant sind als der Typ neben uns an der Maschine. Oder denken, dass die Frau am Schreibtisch gegenüber zwar interessantere Gedanken hat, aber dafür eine hässliche Nase. Für diese Bewertungen brauchen wir immer einen Kontext: einen Job, einen Verein, eine Familie. Und zuletzt haben wir Wünsche, uns zu verändern: Wir wollen zum Beispiel mehr Bücher lesen, um klügere Gedanken zu haben, oder wir wollen unsere Lachfalten botoxen lassen, um besser auszusehen.

Diese Meinungen, Wertungen und Wünsche haben wir meistens in Bezug auf unseren Beruf: Wir sind etwa sehr erfahrene Ordnungsamtsmitarbeiter mit mittlerer Muskelkraft und mittlerer Intelligenz, aber dafür mit sehr schöner Handschrift, die sich gerne demnächst in den Innendienst versetzen lassen würden. Auch die Taxifahrerin, mit der ich gesprochen habe, hat sicherlich solche Annahmen über sich selbst. Sie bewertet sich vielleicht besser als meine Eltern, sie findet, dass sie mehr verdient hat als sie, weil sie ja arbeitet. Sie wünscht sich vermutlich, dass ihre Wohnung nicht schimmelt, dass sie also dort bleiben kann, wo sie bereits lebt, und dass sie ihren Job nicht verliert. Das sind natürlich noch keine politischen Forderungen. Es sind erst einmal nur individuelle Einschätzungen und Wünsche.

Die Arbeitslosen sind zu einem solchen dreifaltigen Selbstverständnis nur bedingt berechtigt oder fähig, weil für sie jede Antwort auf diese Fragen im Nichts endet. Wenn sie sich fragen, was für ein Mensch sie sind, wie sie im Vergleich zu anderen dastehen, dann ist da immer hauptsächlich die Schande des Gescheitertseins, das Gefühl, ganz unten zu stehen und daran selbst die Schuld zu tragen. Die größte Frage im Leben eines Arbeitslosen soll die sein, wie er wieder an Arbeit kommt – es ist also die Frage nach der »Vermittelbarkeit«, die in Wirklichkeit vom Jobcenter und von der Situation auf dem Arbeitsmarkt bestimmt wird. Verrückt wäre es, die Frage nach eigenen Wünschen für die Zukunft zu stellen, ohne eine Arbeit zu haben. Also nach Wünschen, die irgendetwas anderes sind als der Wunsch nach, eben: Arbeit. Das wäre, als würde sich jemand, der ohne Beine geboren wurde, permanent wünschen, spazieren zu gehen: ein schmerzhafter Wunsch, den man lieber verdrängen sollte. So verliert der Arbeitslose langsam das Selbstverständnis, das er vielleicht mal hatte, oder er bekommt gar nicht erst die Chance, es auszubilden.

Menschen, die wenig verdienen und die sich selbst »abgehängt« fühlen, wollen häufig mit den Arbeitslosen nichts zu tun haben. Obwohl die wirtschaftliche Situation in Deutschland bis vor ein paar Monaten recht sorgenfrei war, blieb der Konkurrenzkampf weiterhin allgegenwärtig. Gerade Menschen, die in Zeitarbeit oder für den Mindestlohn arbeiten und sich deshalb kaum über ihre finanzielle Situation von den Arbeitslosen abgrenzen können, schöpfen ihre Distinktion aus der Arbeit: Sie haben immerhin etwas zu tun. Sie sind Gewinner im Kampf um die Arbeit. Und sie haben trotzdem Angst, selbst arbeitslos zu werden – umso mehr, wenn in der *Tagesschau* jeden Abend von einer Rezession gesprochen wird. Die Menschen, die ihre Arbeit geben müssen und doch kein Vermögen haben, haben Angst, ihre Meinungen von sich selbst, ihre Bewertungen, ihre Wünsche für das eigene Leben aufgeben zu müssen.

Empathie mit den Arbeitslosen zu haben würde für die Taxifahrerin bedeuten, Empathie mit der schrecklichsten denkbaren Version ihrer selbst zu haben. Es würde bedeuten, dass sie den Gedanken zuließe, sie könnte in die gleiche Situation geraten. Der Eindruck, dass ihnen nicht geholfen wird, dass eine Gefahr droht, bringt Menschen dazu, sich unbewusst bereits als Arbeitslose zu fühlen, bevor sie es sind – und diese Vorstellung dann vehement von sich weisen zu müssen.[27]

Die Furcht vor der Arbeitslosigkeit ist so mächtig, weil jeder arbeitslos werden kann. Deshalb identifiziert sich jeder ein Stück weit mit dem Schicksal der Arbeitslosen – aber nur so sehr, wie man sich beispielsweise mit Verstorbenen identifiziert; man hat Angst vor dem Tod und verdrängt sie doch die meiste Zeit. Trotz der latenten Identifikation ist es deshalb meiner Ansicht nach ein Fehler, in Milieustudien und vergleichbaren Beschreibungen die Arbeitslosen mit anderen Gruppen, die wenig Geld haben, aber dafür arbeiten, zusammenzuwerfen.

Es ist ein beliebtes Vorurteil, dass Hartz-IV-Empfänger und Menschen, die man als »die Unterschicht« bezeichnet, besonders häufig AfD und andere rechte Parteien wählen. Den Erfolg der AfD mit dem Wahlverhalten von Arbeitslosen zu erklären ist allerdings schon rechnerisch verrückt. Im Dezember 2018 waren von 5,8 Millionen »Leistungsberechtigten«, also Empfängern von Arbeitslosengeld, etwa 1,9 Millionen Kinder unter 18 Jahren, die überhaupt nicht wählen dürfen. Das Milieu der »Abgehängten«, das ergab eine Studie der Hans-Böckler-Stiftung, wählt zwar häufig rechts, ist aber sehr klein, nur etwa fünf Prozent der Bevölkerung zählen dazu – und von diesen fünf Prozent geben sechzig Prozent an, überhaupt nicht zu wählen. Der Rechtsruck in Deutschland liegt also auf keinen Fall allein oder auch nur wesentlich an den Arbeitslosen, denn sie können schon rein zahlenmäßig keinen politischen Druck ausüben. Selbst wenn alle Hartz-IV-Empfänger im Land eine einzige Partei wählen würden, bliebe diese unter der Fünf-Prozent-Hürde.

Ich war während meines Bachelorstudiums Stipendiatin der Heinrich-Böll-Stiftung. Wir waren dazu angehalten, mindestens ein- bis zweimal pro Semester an einem Wochenendseminar der Stiftung teilzunehmen. In diesen Seminaren habe ich viel gelernt, viel Wissen angesammelt, von dem ich niemals geglaubt hätte, dass ich es brauchen oder mich dafür interessieren würde, und am Ende war es doch so. Mit mir in den Seminaren saßen junge Frauen und Männer, viele mit Migrationshintergrund, Antifaschistinnen, Arbeiterkinder, Medizin- und Medienwissenschaftsstudierende. Viele waren »grün« in dem Sinne, dass ihnen die Leistung und Aufklärung jedes Einzelnen zugunsten der Weltrettung sehr wichtig waren. Ihre Antwort auf jedes gesellschaftliche Problem war: Bildung.

An einem Sonntagnachmittag saß neben mir in einem solchen Seminar ein junger Mann, der schon das ganze Wochenende über den Jemen geredet hatte. Er wollte darüber schreiben, er wollte, dass die Welt erfährt, wie schlimm die Situation im Jemen sei. Er erzählte von den Menschen dort, die in Nachbarländer geflüchtet waren – arme Länder, die nun eine Menge Flüchtlinge aufzunehmen und zu versorgen hatten. Das müsste man den Deutschen doch einmal vor Augen führen, sagte der junge Mann: dass in ärmeren Ländern Flüchtlinge aus dem Jemen aufgenommen werden, während hier die Hartz-IV-Nazis rechte Sprüche klopfen.

Keine Frage: Es ist beschissen, im Jemen zu leben. Deutlich beschissener, als von Hartz IV zu leben. Das Seminar ist etwa sieben Jahre her, die Situation im Jemen ist immer noch schrecklich, so sehr, dass nicht einmal in der Heinrich-Böll-Stiftung jemand behauptet, dass Bildung dort noch helfen kann. Aber: »Hartz-IV-Nazis«, die Formulierung hatte gesessen, ein Schlag in mein Gesicht, in meinen Bauch, ich weiß nicht, wohin noch.

Alles, was uns Angst macht, was wir nicht einordnen können, projizieren wir auf etwas, das wir verstehen. Das macht es begreifbar und folglich weniger furchteinflößend. Die Taxifahrerin hat Angst vor dem sozialen Abstieg. Sie weiß, dass sie den Verlauf ihres Lebens nicht selbst bestimmen kann, sondern abhängig ist von einem Arbeit*nehmenden* und von der Konjunktur. Davon, ob die Leute sich ein Taxi leisten können. Also verachtet sie Flüchtlinge und Arbeitslose, weil sie keine Steuern zahlen und vermeintlich alles in den Arsch geschoben bekommen. Der links-grüne Medienwissenschaftenstudent hat Angst vor Nazis, und es tut ihm weh, dass Menschen leiden, denen er nicht helfen kann, weil er nicht mächtig genug ist, ihnen zu helfen. Deshalb projiziert er seine Ohnmacht und sein Unverständnis für die Komplexität der Welt auf diejenigen, die wirklich ohnmächtig sind: die Hartz-IV-Empfänger. Eine Gruppe, die er ablehnt, weil sie nicht zur Rettung der Welt beiträgt, sondern den ganzen Tag *nichts* tut. Wo nichts ist, lässt sich alles hineindenken.

Dabei hat eine Studie der Hans-Böckler-Stiftung durch Befragungen festgestellt, dass Arbeitslosigkeitserfahrung keinen Einfluss auf das Wahlverhalten hat. Menschen, die arbeitslos sind oder mal waren, wählen statistisch nicht häufiger die AfD als andere.[28] In dieser Erkenntnis steckt etwas, das sehr wichtig ist, wenn man *die Arbeitslosen* verstehen will: Sie sind kein einheitliches Milieu. Arbeitslos ist die alleinerziehende Krankenschwester, die nicht in ihren Job zurückkann, bis ihr Kind einen Kitaplatz hat. Arbeitslos ist die Abiturientin, die nicht weiß, was sie studieren soll, und deshalb ein Jahr lang mit dem Geld ihrer Eltern um die Welt reist. Arbeitslos sind Menschen, die früher einmal wohlhabend waren und dann krank geworden sind. Arbeitslose sind Konservative und Anarchisten, Homophobe und trans Personen, Kinder von guten und von schlechten Eltern. Statistisch haben viele Hartz-IV-Empfänger einen Migrationshintergrund, statistisch sind aber auch besonders viele Hartz-IV-Empfänger Kinder – was ekelhaft und traurig ist, uns über Arbeitslosigkeit allerdings erst einmal nichts sagt. Arbeitslose bilden keine Einheit. Eine solche entsteht sowieso meistens erst dann, wenn Menschen einen gemeinsamen Feind haben. Wenn es jemanden gibt, der den Frieden der Gruppe stört.[29] Die Arbeitslosen haben keinen Frieden, der sich stören ließe. Alles, was sie teilen, sind die Symptome der Deprivation: Not, Ohnmacht. Sie haben das Jobcenter, das sie versorgt und überwacht. Sie haben Wohnungen, die für zwei Personen nicht mehr als 60 Quadratmeter haben und für fünf Personen nicht mehr als 680 Euro Kaltmiete kosten dürfen.[30] Und fast allen Menschen, denen sie im Alltag begegnen, dienen sie als Projektionsfläche für Abstiegsängste. Gegen welchen Feind sollten sie sich sinnvoll verbünden? Die Welt an sich?

Für die Arbeit*gebenden* hingegen, also all jene, die jeden Morgen aus dem Haus gehen müssen, um eine Arbeit zu verrichten, die sie womöglich hassen, um eine Wohnung zu bezahlen, mit der sie nicht zufrieden sind, wäre es eigentlich eine sinnvolle politische Forderung, die Arbeitslosen besserzustellen – um sich die Angst vor dem Abstieg zu nehmen. Und dennoch fällt es manchen leichter, sich gegen diejenigen zu verbünden, die nicht arbeiten. Vor allem natürlich gegen Flüchtlinge. Die sozialschmarotzenden, frauenbegrapschenden, saufenden Flüchtlinge, die Almosen aus Steuergeldern bekommen. Die Angst vor Fremden, die Angst vor Schmarotzern, die Angst, die der Kapitalismus aufgrund der Konkurrenz entstehen lässt, der wir alle unterworfen sind, macht es den Leidenden unmöglich, sich in irgendeiner Weise zu verbünden. Menschen im Niedriglohnsektor, Flüchtlinge, Hartz-IV-Empfänger, Minijobber werden in so unterschiedlichen Kategorien unterdrückt, dass sich auch ihr Einspruch aufsplittet. Hier protestieren ein paar gegen Abschiebungen, dort protestieren ein paar gegen das Diesel-Fahrverbot oder gegen die Praxisgebühr oder den Pflegenotstand, da hinten protestieren ein paar gegen Hartz IV.

Man macht es den Mächtigen damit leichter, so zu tun, als würden sie die Verhältnisse ändern, obwohl sie nur unterschiedlich leidende Gruppen gegeneinander ausspielen. Horst Seehofer, der an seinem 69. Geburtstag 69 Flüchtlinge abschieben lässt, will dadurch den Arbeit*gebenden* zeigen, dass er es nicht zulässt, dass ihre Steuern für das Überleben von Menschen verwendet werden – damit tut er allerdings noch nichts *für* sie, sondern nur gegen die Gruppe, gegen die sich manche Arbeit*gebende* aus Furcht und Rassismus verbündet haben.

Wer keine Arbeit hat und etwas anderes im Leben *will* als Arbeit, gilt als moralisch verwerflich. Wer vom Jobcenter als »erwerbsfähig« eingestuft ist und trotzdem nicht erwirbt, wer als »arbeitssuchend« gilt und nichts findet, der muss den gesellschaftlichen Standards nach zuallererst arbeiten *wollen*. Andere Willensregungen sind nicht erwünscht; einem Arbeitslosen, der Vater werden will, würde man sagen, dass er sich doch zuerst einen Job suchen soll, einer Arbeitslosen, die in eine andere Stadt ziehen will, würde man sagen, dass sie sich doch zuerst einen Job dort suchen soll. Lebensentscheidungen haben immer auf die Erlösung aus der Arbeitslosigkeit ausgerichtet zu sein. Und die kleinen Lebensentscheidungen sind darauf ausgerichtet, was am billigsten ist, was man sich leisten kann. Auf nichts anderes.

Meine Eltern haben mich zu einem Dickkopf erzogen, die Welt hingegen hat mich verunsichert. Zuhause durfte ich wollen: Ich wollte meine Gummistiefel im Sommer tragen, ich wollte ein Buch dreißigmal vorgelesen bekommen, ich wollte Pfannkuchen zum Mittagessen. All das durfte ich meistens, sofern es möglich war. In der Welt wusste ich nicht, was man überhaupt *wollen darf.* Wenn ich als Journalistin an einen Ort komme, der mir fremd ist, dann fällt mir das leicht, weil ich eine Aufgabe habe. Ich muss mit Leuten reden, sie müssen mir Sachen erzählen, deshalb will ich sie ansprechen, deshalb will ich ihnen

zuhören, ich muss Dinge beobachten und mir n
schreiben, und ich muss freundlich sein. Es ist e
sen, was man will, wenn es ein Protokoll dafü
Berufsbezeichnung.

In jeder Stadt, in der ich als Erwachsene gelebt h
ich mir ein Yogastudio gesucht. Jedes Mal wenn ich ei[…]oga-studio betrete, bewundere ich die Menschen, die geübt darin sind, Raum einzunehmen. Die hereinkommen und sich bewegen und schauen, als wäre die Welt ihre verdammte Sofalandschaft. Sie zögern nicht, sie stellen Fragen, sie sagen der Yogalehrerin, dass der Tee leer ist und dass ihre Knie wehtun, und es nervt sie, wenn ihre Schuhe nach der Stunde nicht mehr am exakt gleichen Ort stehen wie vorher.

Meine Gedanken, wenn ich in ein Yogastudio komme: Eingangstür – hoffentlich habe ich mich nicht mit der Zeit vertan, ach nein, perfekt, rein, ah, wo zieht man die Schuhe aus, hallo, entschuldigen Sie, ich brauche immer so lange, um mein Portemonnaie zu finden, es tut mir leid, darf ich fragen, in welchem Raum die Stunde stattfindet, ach egal, ich finde es schon heraus, will jetzt auch nicht nerven, okay, Umkleidekabinen, da ist ja jetzt schon alles voll, egal, ich ziehe mich einfach hier in der Raummitte um, passt schon, gut, auf zur Stunde, Mist, falscher Raum, oder bin ich nur blöd, ist das da jetzt der Anfängerkurs, lieber noch mal googlen, vielleicht steht es ja online, welcher Raum, ach, der Typ da hinten sieht aus, als würde er auch, okay, wohin jetzt mit mir und der Matte, am besten hier, dann denkt die Lehrerin nicht, ich würde absichtlich die letzte Reihe wählen, nimmt die Matte auch nicht zu viel Platz weg, hätte ich die andere Hose anziehen sollen, sieht die hier nicht schlunzig aus? Ommmmm.

In seinem Buch *The Privileged Poor* schreibt der Harvard-Professor Anthony Abraham Jack über die Erfahrungen von

Studenten mit armen Eltern, die an Elite-Universitäten in den USA studieren.[31] Seiner Auffassung nach kann man sie in zwei Kategorien einteilen: die privilegierten Armen und die doppelt Benachteiligten. Die privilegierten Armen sind für ihn Studenten, die bereits als Kinder die Möglichkeit hatten, Schulen zu besuchen, die ihre Schüler gezielt auf die Aufnahmeverfahren und die Leistungskultur von Elite-Universitäten vorbereiten. Solche Internate und Highschools geben begabten Schülern mit einem Armutshintergrund nicht nur eine finanzielle Absicherung ihrer Bildungslaufbahn, sondern erlauben es ihnen auch, ein anderes Bewusstsein für sich selbst und ihre Möglichkeiten zu entwickeln, als sie es womöglich von ihrem Elternhaus und ihrem Herkunftsumfeld erhalten konnten. Sie lernen schon früh, dass sie Raum einnehmen dürfen in der Welt. Wie Jack in seinem Buch berichtet, haben diese Schüler später kaum Probleme damit, sich an Elite-Universitäten zurechtzufinden und wohlzufühlen. Sie wissen schon, was sie wollen dürfen und wie sie sich zu verhalten haben. Sie fühlen sich *entitled*, also »berechtigt«, die Zeit von Menschen in Anspruch zu nehmen, Kontakte für ihr eigenes Fortkommen zu nutzen, Geld und Anerkennung einzufordern. Die Gewissheit, berechtigt zu sein, kann man erlernen. Und man kann sie verlernen, wenn einem jeden Tag vor Augen geführt wird, dass man nichts ist, dass man weder Geld noch Kontakte hat und kein Recht, über die eigene Situation zu bestimmen.

Diejenigen, die Jack als *doubly disadvantaged,* also doppelt Benachteiligte, bezeichnet, fühlen sich hingegen nicht *entitled*; sie wissen nicht, wie sie mit Menschen sprechen sollen, die in der Hierarchie der Hochschule über ihnen stehen. Sie trauen sich nicht, die Zeit von Professoren in Anspruch zu nehmen. Sie haben keinen Modus, um auf Menschen zuzugehen, die ihnen in ihrem Fortkommen nutzen könnten. Eine Studentin sagte in einem Interview, das Jack mit ihr führte: »Ich mich immer, als würde ich hier nicht hingehören. Dabei es eigentlich andersherum sein. Ich wurde hier aufgenommen, ohne Netzwerk, ohne die Hilfe meiner Familie. Vielleicht sollte ich mich hier stärker zugehörig fühlen als die anderen, weil ich es ganz alleine geschafft habe, aufgenommen zu werden. Aber das ist schwierig.« Jack beschreibt dieses Gefühl als »Assimilationsblues«: die Traurigkeit, die einen überkommt, wenn man sich in einer Welt bewegt, in die man es trotz der eigenen Leistungen nicht ohne die Güte anderer Menschen geschafft hätte und die nach vollkommen anderen Regeln funktioniert. Im nordamerikanischen Bildungssystem, in dem viele Aufstiegsbiographien durch Stipendien privater Stifter oder durch große Spenden an die Hochschulen ermöglicht werden, verstärkt sich natürlich das Gefühl, von jemandem abhängig zu sein. Aber auch in Deutschland funktioniert die Verteilung institutioneller Förderung nicht nach einem genau festgelegten, überprüfbaren Schema. Auch hier treffen einzelne Menschen in Stiftungen und Hochschulen die Entscheidungen darüber, wer etwas von den Fördermitteln »verdient« hat und wer nicht. Dieses Gefühl, dass die eigene Zukunft maßgeblich vom wohlwollenden Blick anderer Menschen abhängt, wird man nicht so leicht los. Manche der doppelt Benachteiligten schaffen es zwar, die sozialen Codes der Hochschulen zu erlernen. Aber sie werden immer wieder daran erinnert, dass sie es sich eigentlich gar nicht leisten können, ihnen zu folgen. Zum Beispiel, wenn die anderen Studenten statt in die Mensa zum Mittagessen ins Restaurant gehen.

Wer keine Arbeit hat und kein Geld, der weiß irgendwann nicht mehr, wie man sich etwas wünscht, wie man etwas will. Ihm fehlen die Protokolle, die Verhaltensstandards. Und er findet keine Gruppe, zu der er gehören könnte. Das liegt auch daran, dass die Arbeitslosen sich keine Identität herbeikonsumieren können. Identität wird in unserer Gesellschaft maßgeblich durch Konsum konstruiert. Die Güter, die ein Mensch anschafft, der Beruf, den er zum Zweck der Güterbeschaffung ausübt – all das nimmt uns die Angst vor der Vieldeutigkeit der Welt, all das gibt uns das Gefühl, einen Sinn im Leben zu finden. In unserem eigenen Leben und in dem Leben der anderen. Arbeitslose, vor allem solche, die über einen langen Zeitraum arbeitslos sind, nehmen an diesem Spiel nicht mehr teil. Ich bin Journalistin, ich mache Yoga (wenn auch schlecht), ich gehe gerne Pizza essen, ich interessiere mich für Literatur. Arbeitslose dagegen sind *nur* arbeitslos. Alles andere können sie sich nicht leisten.

Da der Dienstleistungssektor gewachsen ist, da Leute anderen Leuten Kaffee kochen oder Versicherungsgutachten schreiben oder Marktforschungsumfragen machen, reicht der Beruf vielen als Sinnstiftung nicht mehr aus. Viele flüchten sich in Esoterik, die in ihrer modernen Form vor allem zwei Dinge predigt. Erstens, dass alles, was man selbst tut, gut ist, solange es sich gut anfühlt. Zweitens, dass man mit Hilfe verschiedener Produkte und Dienstleistungen (Yoga, Bio-Obst) auf die eigene Suche nach dem *wahren, natürlichen* Selbst gehen solle.

Arbeitslose *tun* nichts, sie sind nicht *genug*, es gibt sogar Gesetze, in denen genau das drinsteht. In Paragraph 138 des SGB III heißt es, dass arbeitslos ist, wer »sich bemüht, die eigene Beschäftigungslosigkeit zu beenden«, und »den Vermittlungsbemühungen der Agentur für Arbeit zur Verfügung steht«. Das heißt: Um überhaupt den Status von Arbeitslosen zu erhalten, müssen Arbeitslose sich bemühen, diesem Status zu entkommen. Diese Gesetze machen es den meisten Menschen unmöglich, sich mit ihrer Arbeitslosigkeit jemals *gut* zu fühlen. Denn das Nicht-genug-Sein ist im Begriff angelegt. Die Produkte und

Dienstleistungen der Selbstfindungsindustrie sind außerhalb der Möglichkeiten von Arbeitslosen; Bio-Obst und Yoga sind nicht Teil des Hartz-IV-Satzes. Sie haben also nicht nur keinen Beruf, über den sie sich definieren könnten, sondern auch nicht die Möglichkeit, sich auf andere gesellschaftlich akzeptierte Weise zu definieren.

Wer nun sagt, die Arbeitslosen könnten sich ja ehrenamtlich engagieren, Bilder malen, stricken oder tanzen lernen, verkennt die Realität, die ein Leben im Nicht-Sinn bedeutet. Hobbys sind in unserer Gesellschaft zum Zweck der Erholung gedacht. Wenn Arbeitslose ein Hobby haben, setzen sie sich dem Vorwurf aus, ihm nachzugehen, *anstatt* zu arbeiten; sie gelten dann als egoistisch oder unangemessen hedonistisch. Ein Fliesenleger, der abends Malen-nach-Zahlen-Bilder ausmalt, ist uns direkt sympathisch. Weil uns sein Hobby das Gefühl gibt, ihn besser zu verstehen, ihn als mehrdimensionalen Menschen zu begreifen. Ein Arbeitsloser, der dasselbe tagsüber macht, kommt uns verrückt vor, ein bisschen spleenig. Hat der nichts Besseres zu tun? Kann der davon leben? Ist das eine Karriere?

Dem Arbeitslosen können wir keine Mehrdimensionalität zugestehen, da ihm die erste Dimension dessen, was zu einem Leben gehört, schon fehlt: die Arbeit. Jedes Hobby, das der Arbeitslose aufnimmt, wird sich automatisch an der allgemein angenommenen Sinnhaftigkeit einer Lohnarbeit messen müssen. Wer Arbeit hat, der darf seine Freizeit mit jedem möglichen Schmarrn verbringen. Wer keine Arbeit hat, hat auch keine »Freizeit«, ihm ist keine Erholungspraktik gegönnt – denn er tut ja nichts, wovon er sich erholen müsste. Das ist die ideologische Komponente. Sie wiegt genauso schwer wie der praktische Umstand, dass Hobbys Geld kosten – mehr Geld, als man wahrhaben mag, wenn man Geld hat: die Kleidung, die

Fahrten, die Getränke, die Menschen mit ähnlichen Hobbys außer Haus zu sich nehmen, während sie sich über ihr Hobby unterhalten. Die Arbeitslosen sind folglich finanziell und ideologisch von der Sinnsuche außerhalb der Lohnarbeit ausgeschlossen – von der Sinnsuche innerhalb der Lohnarbeit sowieso. Hinzu kommt eine psychologische Komponente, die sich gerade in der Corona-Krise gezeigt hat: Viele hatten sich ja am Anfang der Kontaktbeschränkungen vorgenommen, nun besonders viele Bücher zu lesen, eine neue Sprache zu lernen, jeden Tag joggen zu gehen. Wenige haben es dann auch tatsächlich getan. Denn wenn man nichts zu tun hat, dann tut man meistens auch nichts für sich selbst.

Meine eigene modische und damit auch gesellschaftliche Rettung war der Jutebeutel. Als ich im Teenager-Alter war, Schülerin der Oberstufe eines Gymnasiums, war es hip, naturfarbene Baumwolltaschen zu tragen, die man selbst bemalte oder beschrieb. Wahrscheinlich gibt es diese Form der Dissidenz gegen Marken und Kleidungsstandards in jeder Generation. Wir trugen Jutebeutel anstatt der H&M-Taschen aus falschem Leder, wir trugen sie statt Markenlogos und wir drückten damit eine gewisse *Indieness* aus, ein Leben abseits des Mainstreams. Ich habe diese Jugendkultur immer noch sehr lieb – aber wenn ich ehrlich zu mir bin, dann war ich auch deshalb *indie,* weil ich es sein konnte: weil es so wenig gekostet hat. Ich schrieb damals Texte für die Lokalzeitung, der Lohn betrug 18 Cent pro gedruckte Zeile, und es kam nie mehr Honorar zusammen als achtzig Euro im Monat, in sehr sehr guten Monaten. Außerdem bekam ich von meinen Eltern dreißig Euro Taschengeld. Von diesem Geld habe ich alles bezahlt: Ausflüge, Restaurantbesuche, Tickets für Züge oder Konzerte – und Kleidung. Natürlich wäre es unmöglich gewesen, fünfzig Euro für die weißen Converse auszugeben, die eigentlich dazugehört hätten. Aber Baumwollbeutel für zwei Euro, schwarze Basic-Kleider und so wenig Schminke wie möglich, das konnte ich mir leisten.

Mit Mode und mit allem, was wir kaufen, drücken wir aus, wer wir sind. Das, was wir als unsere »authentischen Bedürfnisse« begreifen, macht uns im Kapitalismus erst zu unserem wahren Selbst.[32] Wer es sich nicht leisten kann, Kaufentscheidungen zu treffen, wer also nie authentische Bedürfnisse entwickelt, sondern sich immer nur nach ökonomischen Zwängen richten muss, der entscheidet nicht selbst über seine Identität. Ich hatte Glück, dass billige Beutel und Unaufgesetztheit zum richtigen Zeitpunkt schick wurden. Ich konsumierte mich damit aus dem Nichts heraus.

Da der Arbeitslose in unserer Gesellschaft das Negativbeispiel ist, das Unheimliche, der Nicht-Sinn, ist die Gruppe der Arbeitslosen keine echte Gruppe, weil ja alle ihre Mitglieder danach streben, sie zu verlassen. Weil ihnen aufgetragen wird, danach zu streben, die Gruppe zu verlassen. Niemand sagt voller Stolz, dass er zur Gruppe der Arbeitslosen gehört. Arbeitslosigkeit hat keinen Hammer und keine Sichel, keine Popkultur, die man darüberlegen könnte.

Im Osten gab es 2004, als Hartz IV eingeführt wurde, noch eine gewisse Identifikation mit Arbeitslosen. Ostdeutschland hatte eine deutlich höhere Langzeitarbeitslosigkeit und deutlich weniger Aussichten auf Aufschwung im Arbeitsmarkt als die westlichen Bundesländer. Ein Demonstrant, der in Magdeburg gegen Hartz IV auf die Straße ging, sagte damals gegenüber dem *Spiegel*, jeder hätte hier »jemanden in der Familie, der arbeitslos ist«. Es gab vielbesuchte Montagsdemos gegen Hartz IV, und bei der Abstimmung über das Gesetz im Bundesrat stellten sich die ostdeutschen Ministerpräsidenten dagegen oder enthielten sich. Gerhard Schröder sprach sich vehement gegen eine »Extrawurst Ost« aus. Und wahrscheinlich war das der Moment, in dem die SPD den kompletten Osten enttäuschte; weil die Menschen dort die Ungerechtigkeit wahrnahmen, die in Hartz IV steckte. Weil sie sich in die Arbeitslosigkeit hineindenken konnten. Weil die Gefahr, im Osten arbeitslos zu werden, größer war. Der Gewerkschaftsbund Sachsen-Anhalt organisierte damals eine der größten Demonstrationen gegen Hartz IV in Köthen – einer Kleinstadt, die inzwischen regelmäßig wegen rechtsextremer Kundgebungen in die Schlagzeilen kommt. Und beim Wahlkampf der SPD in Wittenberge in der brandenburgischen Prignitz flogen 2004 Eier und angeblich auch Steine auf das Auto des damaligen Bundeskanzlers Gerhard Schröder.[33] Eigentlich war er angereist, um den sanierten Bahnhof zu loben und das berufliche Bildungszentrum. Aber in einem Ort, in dem die Arbeitslosigkeit bei 22 Prozent lag, war die Solidarität mit denen, die in Hartz IV abrutschen würden, größer als die Freude über politische Almosen. Beim gleichen Termin wollte sich ein Mann vor die Wagenkolonne des Bundeskanzlers werfen, Sicherheitsbeamte stoppten ihn.

Heute gibt es kaum noch nennenswerten Protest gegen Hartz IV. Die Arbeitslosen streben nicht nach einer Verbesserung ihres Zustands als Arbeitslose – sie streben allein nach Arbeit.

Wenn man lange genug aus der Gesellschaft ausgeschlossen ist, werden viele Konventionen hinfällig. Aber dass es nicht schick ist, von Hartz IV zu leben, dass es keinen Spaß macht und keine Lebenseinstellung ist, das drückt meine Mutter immer wieder in einem sehr einfachen Satz aus, wenn sich vielleicht doch eine Zeitarbeitsfirma meldet oder eine Weiterbildung ankündigt. Sie seufzt dann und sagt: »Dann wären wir die Arge los.« Es ist der Wunsch nach Freiheit, nicht der Wunsch nach viel mehr Geld. »Die Arge« ist ein unterdrückerisches System, das wie gottgegeben über ihr schwebt. Gegen »die Arge« kann man als Arbeitslose nicht protestieren. Wer als Arbeitsloser »streikt«, also etwa nicht zu Terminen erscheint oder Kontoauszüge nicht einreicht, dem drohen Sanktionen, der Entzug von Geld, das überlebenswichtig ist. Die Suche nach Arbeit wird heute selbst als eine Arbeit betrachtet, in der man besser oder schlechter performen kann. Wer schlecht performt, der bekommt eben noch weniger Geld, weniger sogar als das Minimum.[34] Wenn die Agentur für Arbeit Zahlen dazu herausgibt, wie viele Arbeitslose es in Deutschland gibt, dann unterschlägt sie meist diejenigen, die zwar auch in der durch Hartz IV erzeugten Armut leben, aber gerade irgendeine Form von Beschäftigung haben. Zum Beispiel zählen Menschen, die an einer Arbeits-Beschaffungs-Maßnahme teilnehmen, nicht als arbeitslos. Meine Eltern haben viele dieser Maßnahmen gemacht. Einmal kam mein Vater, der übrigens Abitur hat, zurück und zeigte mir Zettel, auf denen er Bauernhoftiere beschriftet hatte, den ganzen Tag lang: Kuh, Kalb, Schwein, Ferkel. Er galt in dieser Zeit nicht als arbeitslos, sondern als unterbeschäftigt im engeren Sinne. Wenn man die Zahl dieser Unterbeschäftigten und der Arbeitslosen zusammennimmt, waren im Mai 2019 genau 3 168 286 Menschen in Deutschland abhängig von Arbeitslosengeld. Das sind etwa 900 000 mehr, als von der Arbeitsagentur zeitgleich als arbeitslos geführt wurden. All diese Menschen fühlen sich in der Welt zumeist fremd. Sie nehmen nicht am Kapitalismus teil, weil sie kein Geld besitzen, das sie gegen irgendetwas tauschen könnten, das Spaß macht. Sie sind Menschen, von denen wir annehmen, dass sie falsch leben. Denn wir legen an Arbeitslose die gleichen Maßstäbe an wie an die Menschen, die arbeiten. Das ist dumm, und es ist schädlich.

Ich musste lachen, als ich eine Studie des Forschers Bernhard Christoph aus dem Jahr 2008 gelesen habe, der sich fragte: »Was fehlt bei Hartz IV?« Er ließ arbeitslose Menschen zuerst einschätzen, welche Dinge sie in einem Haushalt wichtig finden, und fragte sie dann, welche davon in ihrem Haushalt tatsächlich vorhanden seien. Die Frage nach der Wichtigkeit ist insofern lustig, als die Forscher damit Störfaktoren durch persönliche Präferenzen aussortieren wollten – es könne ja zum Beispiel sein, dass manche Menschen aus Umweltschutzgründen kein Auto haben wollten. Dass aber Menschen, die in Armut leben, eine ganz klare Hierarchie der Güter benennen, in der »trockene Wände« unbedingt wichtig sind, »monatliche Restaurantbesuche« hingegen überhaupt nicht wichtig, schien die Forscher fast zu überraschen. Arme Menschen wählen nicht, denn man muss sich leisten können, eine Wahl zu haben. Sie können nicht priorisieren, ob ihnen ein Wasserkocher oder eine Mikrowelle wichtiger ist – sie wissen nur, dass sie unabhängig davon, was ihre Prioritäten wären, beides nicht einfach neu kaufen können, wenn es kaputtgeht. Die Botschaft der Arbeitslosigkeit ist: Dir steht höchstens das Allernötigste zu.

Man kann von Hartz IV leben. Nur eben nicht lange, und je nach Lebenslage, Ort, Milieu, Familienstand wird es schwieriger, denn Hartz IV ist kein Sabbatical und kein Wellness-Urlaub, jedenfalls nicht für die allermeisten. Die Journalistin Anne Waak hat ein Buch über Menschen geschrieben, die eine Ausnahme davon bilden. Das Buch heißt *Hartz IV und wir*, Waak spricht darin mit zwölf Menschen aus der Berliner Kreativszene, die die Sozialleistungen als Möglichkeit sehen, sich »Zeit und Raum« zu verschaffen für Dinge, die ihnen »wirklich wichtig sind«. Menschen, die Hartz IV als Vorstufe für ein bedingungsloses Grundeinkommen begreifen. Ich finde es völlig okay, dass sie das tun. Aber ich finde es hirnrissig, dass sie das

Privileg nicht hinterfragen, das ihnen diese Entscheidung erlaubt. Natürlich kann man von Hartz IV leben, wenn man von seinen Eltern Geld zugesteckt bekommt, mit dem man sich weiterhin Zigaretten kaufen kann, wenn man in einer WG wohnt, in der alle Möbel intakt sind, wenn man Freunde hat, die einem Geschenke machen können. Und wenn man in einer Stadt lebt, in der die Leute »Lunch« sagen und damit Arbeiten meinen. Außerhalb von Berlin gibt es nicht so viele Menschen, auf die das alles zutrifft. Deshalb wird die Anzahl der Leben, die durch Arbeitslosigkeit kaputtgehen, weiterhin deutlich größer bleiben als die Anzahl der Leben, in denen Arbeitslosigkeit eine kreative Selbstfindung ermöglicht hat.

Was außerdem bleibt, ist das Gefühl der Sinnlosigkeit. Ein Bekannter von mir, der seinen Job gekündigt hatte, wollte sich etwas Zeit lassen, in der er von Arbeitslosengeld I leben, mal wieder seinen Hobbys nachgehen und sich neu orientieren wollte – eine Pause vom Arbeiten. Wenn wir uns in dieser Zeit trafen, wirkte er immer etwas müde, obwohl er ja schlafen konnte, so viel er wollte. Er habe sich vorgenommen, erzählte er mir, sich jeden Tag mit mindestens einem Menschen zu treffen oder zumindest zu unterhalten. Einfach, weil es sonst so einsam war. Nach drei, vier Monaten fing er wieder an, 40 Stunden in der Woche zu arbeiten. Arbeitslosigkeit war doch nicht so entspannt gewesen, wie er es sich vorgestellt hatte. Und das liegt nicht nur daran, dass einem die Kollegen fehlen, das gemeinsame Mittagessen, die Gespräche oder die intellektuelle Herausforderung einer neuen Aufgabe. Es liegt daran, dass es nichts gibt, woraus sich Sinn schöpfen ließe. Das Leben verliert den Rahmen, von dem man gelernt hat, dass er der richtige ist.

Der Forscher Johannes Hillje hat mit einem Team das Gleiche getan wie mein eingangs zitierter ehemaliger Kollege bei seinem Feldversuch in meinem Viertel: Er hat in acht besonders armen Stadtvierteln an den Türen geklingelt und mit Menschen, die als »die Unterschicht« begriffen werden, über Politik geredet. Eine Mehrheit äußerte sich ähnlich wie meine Taxifahrerin: Sie hatten das Gefühl, dass die Probleme von Zuwanderern schneller gelöst würden als ihre eigenen. Die meisten dieser Menschen, so berichtete der Forscher in einem Interview, waren nicht arbeitslos, sondern prekär beschäftigt. Sie schilderten, warum ihr Lohn nicht zum Leben reiche, wie fehlende und wegbrechende Infrastruktur ihnen die Möglichkeiten raubte, mehr zu verdienen. Buslinien wurden gestrichen, nichts wurde renoviert. Als wollten die Stadtplaner sagen: Euch geht es eh scheiße, da können wir nicht helfen. Der Verfall ihrer Viertel spiegelte ihnen die Aussichtslosigkeit der eigenen Situation und gab ihnen das Gefühl, egal zu sein. Ihre Jobs änderten nichts daran – weil sie eben kein Wirtschaften ermöglichten, kein Mehr-Haben oder Mehr-Kaufen.[35] Die Bundesregierung hat sich im Sommer 2018 die Kommission »Gleichwertige Lebensverhältnisse« ausgedacht. Als ich das las, dachte ich, dass sich nun Abgeordnete darüber unterhalten würden, wie es wäre und gelingen könnte, für alle Menschen gleichwertige Lebensverhältnisse herzustellen, quasi ein Stück Sozialismus in den Kapitalismus zu bringen. Ich dachte an mehr Sozialwohnungen in Neubauten, an mehr Geld für Schulen und Kitas, die sich um viele arme Kinder kümmern. Der Witz ist, dass es der Kommission darum nicht geht. Sondern darum, dass alles so bleibt, wie es ist – vor allem in Kommunen, aus denen die jungen Leute wegziehen. Die Kommission will »Handlungsempfehlungen mit Blick auf unterschiedliche regionale Entwicklungen und den demografischen Wandel in Deutschland erarbeiten«.[36] Ihr Ziel ist es also nicht, dass es allen Menschen in Deutschland gemessen an einem bestimmten Standard gut geht – sondern dass es Menschen exakt so gut geht, wie es ihnen in der Vergangenheit gegangen ist: Dass weiterhin ein Bus in abgelegene Dörfer fährt, dass es weiterhin die gleiche Zahl von Arbeitsplätzen auf dem Land gibt, dass Häuser renoviert werden, die verfallen sind. Das ist sicher nicht schlecht, doch was sich niemand fragt, ist, wie man den armen Menschen in abgelegenen Gegenden ermöglichen könnte, ein Elektroauto zu kaufen. Wie Kinder von Menschen, die in verfallenen Häusern leben, die Möglichkeit bekommen, als junge Erwachsene in eine Studentenstadt zu ziehen. Die Bevölkerung stört sich daran, den Abstieg des unmittelbaren Umfelds beobachten zu müssen – und vergisst dabei, das Untensein an sich zu kritisieren. Die Armut und Benachteiligung, die sich über Jahre eingeschliffen hat, lässt sich verdrängen. Die plötzliche Verschlechterung einzelner Aspekte des Lebens ist offensichtlicher. Verbessert sich allerdings die Lebenssituation für eine andere Gruppe, erzeugt das ebenso Ressentiments: Wenn Flüchtlinge aus Sporthallen in Container ziehen, wenn Arbeitslose fünf Euro mehr im Monat bekommen, dann bemerkt man plötzlich die eigene Deprivation, die vorher einfach das Leben war.[37] Wer arbeitslos ist, bemerkt die eigene Deprivation hingegen konstant. Wahrscheinlich ist das die einzige Gemeinsamkeit im Leben aller Arbeitslosen: das Fehlen der Dinge, die essenziell sind.

George Orwells Erzählung »Down and Out« handelt von einem Mann, der unverschuldet in Armut gerät, weil ihm sein Notgroschen gestohlen wurde, und immer tiefer in einen Teufelskreis aus Not und schwindenden Möglichkeiten hineinrutscht, bis er gerade noch sein Überleben sichern kann, aber nicht mehr die Kraft hat, sich einen Job zu suchen. Wer wie dieser Mann im Nicht-Sinn lebt, ist die ganze Zeit mit der eigenen Sterblichkeit konfrontiert. In einer Gesellschaft, die individuelle Sinnstiftung und Authentizität hoch bewertet, existiert er nicht mehr als Subjekt, sondern nur noch von Tag zu Tag; er versucht, nicht aufzufallen. Wer aus finanziellen Gründen daran scheitert, authentisch zu leben (was am Ende nur heißt: richtig zu konsumieren), der hat nichts zu erwarten außer der Desintegration seines Selbst, der Auflösung seiner Identität. Für Menschen, die arbeiten, erfüllt der Beruf die Funktion einer höheren Ordnung, die Orientierung bietet und Sinn verleiht. Für Arbeitslose tritt an diese Stelle das Jobcenter: Wer arbeitslos ist, darf nicht einmal in den Urlaub fahren, ohne dort Bescheid zu sagen. Das Jobcenter übernimmt die Rolle eines Vorgesetzten, der das Geld zahlt, und eines Gottes, der darüber bestimmt, welchem Ruf der Arbeitslose als Nächstes zu folgen hat. Er verliert das Mitspracherecht über die eigene Verfügbarkeit, denn wenn er sich dem Jobcenter widersetzt, riskiert er die Kürzung der Bezüge und damit Hunger oder löchrige Kleidung.

»Armut lässt die Zukunft nichtig werden«, so drückt es Orwells Ich-Erzähler aus.[38] Wenn für die Notwendigkeiten des Lebens nicht gesorgt ist, wenn man sich also permanent Sorgen darüber machen muss, ob man die neuen Schulbücher bezahlen kann, den nächsten Einkauf, die dringend benötigte Hose, dann denkt man nicht an übermorgen, nicht an die langfristige Verbesserung der eigenen Situation für sich selbst und alle anderen.[39] Weil die kleinen Probleme so akut sind.

Indem wir Dinge kaufen, uns für bestimmte Waren entscheiden und gegen andere, vergewissern wir uns unserer Existenz und unseres freien Willens. Das klingt nicht so, als würde man damit der Individualität von Menschen gerecht werden, aber so ist es: nicht viel mehr als Konsum. Man kann sich eine Zukunft kaufen (Menschen fühlen sich glücklicher, wenn sie Urlaub geplant haben), man kann sich ein Gender kaufen (Brüste, einen Penis), man kann sich Kinder kaufen (adoptionswillige Paare sollten in sicheren Vermögensverhältnissen leben). Man kann sich die Uniform des eigenen Berufstandes kaufen und sich damit dem Normaltypen seiner gesellschaftlichen Gruppe angleichen.[40] Dunkle Wolljacken für Gymnasiallehrer, gepunktete Krawatten für Sparkassenmitarbeiter, weiße Sneaker und schwarze Hemden für Journalisten in Berlin und Hamburg. Diese Uniformen werden noch uniformer dadurch, dass sie medial verstärkt werden: Auch in Serien tragen Gymnasiallehrer die Sachen, die Gymnasiallehrer tragen, und auch auf Instagram sehen Journalisten aus, wie sie auszusehen haben. Es ist Darstellung und Züchtung gleichermaßen. Das, was wir »Geschmack« nennen, ist deshalb vor allem ein Zeugnis davon, wie gut oder schlecht ein Individuum die Rollenbilder seiner Gruppe reproduziert. Und als geschmacklos gelten dann eben die Leute, deren Uniform die Kleidung eines Arbeitslosen ist: Hosen von Kik, Hemd von Takko, Pullover von Lidl und Frisuren, die nicht nach Stylist aussehen, sondern nach einer stumpfen Schere. Arbeitslose haben kein Geld, um sich Sachen zu kaufen, die als »geschmackvoll« gelten, umgekehrt könnte nichts, was sie tragen, als geschmackvoll gelten – weil ja alles, was billig ist, automatisch als geschmacklos gilt, da es von armen Leuten getragen wird. Zugleich wird die Kleidungsordnung armer Leute – also das, was als ihre Uniform erwartet wird und woran sich die Hersteller billiger Kleidung orientieren – nicht von ihnen selbst gestaltet, sondern von denen, die in unserer Gesellschaft für das Ästhetische zuständig sind: Medien, Prominente, Künstler. Der Schauspieler Lars Eidinger hat mit der Firma Bree eine Tasche aus Leder designt, deren Muster aussieht wie das einer Aldi-Tüte. Die Tasche kostet 550 Euro. Eidinger posierte mit dieser Tasche in der Hand vor einem Obdachlosen-Nachtlager, man sieht Schlafsäcke vor einer Wand liegen, Eidinger steht mit hängenden Schultern davor und trägt eine ausgewaschene Jeansjacke, einen Kapuzenpulli und eine zu weite, schwarze Hose. Wahrscheinlich kostet sein Outfit auf diesem Bild mehrere tausend Euro – es soll aber offensichtlich eine Referenz auf die Kleidung von Obdachlosen sein. Er sagte, die Tüte wäre nicht zynisch gemeint, sie wäre eher eine »Hommage an den Alltag, an die Dinge des täglichen Gebrauchs«.[41]

Lars Eidinger fühlt sich dazu berechtigt, obdachlose, arme Menschen als Kulisse für Fotos zu verwenden und zynisch wirkende Taschenmodelle zu tragen. Wenn Lars Eidinger sagt, dass die Tasche nicht zynisch gemeint ist, dann nimmt er dabei völlig selbstverständlich die Deutungshoheit über seine eigenen Handlungen in Anspruch. Würde ein Obdachloser Lars Eidinger ins Gesicht rotzen und danach sagen, dass das nicht beleidigend gemeint sei, sondern nur die Realität seines Alltags reflektiere, dann hätte Lars Eidinger immer noch die Deutungshoheit, nicht der Obdachlose.

Die Figuren, die von der Mittelschicht erfunden und hergezeigt werden, damit diese sich ihrer eigenen Geschmacksicherheit versichern kann, sind zahlreich. Sie stottern bei *Frauentausch* falsche Grammatik daher, sie werden im TV-Experiment *Ein Koffer voller Chancen* dazu gezwungen, Firmen zu gründen und daran zu scheitern, sie tragen bunte Kleidung ohne Markenlogos, dafür mit sinnlosen Schriftzügen und aufgeribbelten Nähten, sie haben ungewaschene Haare und Flecken auf der Hose, sie rauchen, natürlich rauchen sie, sie saufen, sie sind laut, viel zu laut, sie haben schlechte Haut, und ihre Schminke ist immer einen Tacken zu grell, sie sind übergewichtig oder abgemagert.

Was macht das mit den Menschen, die so dargestellt werden?

Als ich ein Kind war, gab es Barbiepuppen mit Prinzessinnenkleidern und Barbiepuppen mit Reitstiefeln, es gab Barbiepuppen mit Babybarbies und Meerjungfrauenbarbies. Heute, etwa 20 Jahre nach meiner Barbiesozialisation, hat sich die Erkenntnis einigermaßen durchgesetzt, dass wir von dem geformt werden, was wir sehen und hören. Dass eine Prinzessinnenbarbie also ein Mädchen nicht unbedingt dazu bringen wird, Ingenieurin zu werden, wohl aber dazu, zu denken, eine gute Frau habe sehr schlank und bewegungsunfähig und überkandidelt gekleidet zu sein.

»Es ist unglaublich, wie sehr die Leute hier aussehen wie ihr eigenes Klischee«, schrieb ich vor ein paar Monaten einer Freundin, die wie ich im Ruhrgebiet aufgewachsen war, als ich für ein Wochenende unsere gemeinsame alte Heimat besuchte. Sie antwortete, dass sie es auch jedes Mal total krass finde, zu sehen, wie die Leute dort rumlaufen – als wären sie einer RTL-II-Sendung entsprungen. Da gibt es wirklich Männer, die Vokuhila tragen, und Frauen, die sich die rot-schwarzen Haare als Igel vom Kopf weg gelen – ein sich selbst verstärkender Kreislauf aus Realität und Medien-Realität. Es ist wie mit den Tattoos in Berlin: Irgendwann hatte einfach jeder eines, der fashionmäßig etwas auf sich hielt, während Magazine und TV-Show die Realität von Tattoos als neue Normalität zurückwarfen, sodass diejenigen, die noch ein Statement setzen wollten, ihre Gesichter tätowieren ließen – und irgendwann sah man plötzlich überall Gesichtstattoos, auf Plakaten und in Musikvideos, und jetzt ist auch das ganz normal.

Der Unterschied zwischen Berliner Gesichtstattoos und Vokuhilas im Ruhrgebiet ist, dass das eine ein selbstgewähltes Symbol einer urbanen Bohème ist, die sich damit vom unkreativen, langweilen Teil der Bevölkerung absetzt, und das andere ein Symbol einer Gruppe, auf die der Rest der Bevölkerung herabblickt und die sich durch den Vokuhila selbst brandmarkt, während sie noch versucht, einer Normalität zu entsprechen. Denn die Normalität der Unterschicht gilt dem Rest als Abfall.

Ich bin der festen Überzeugung, dass alle Eltern ihre Kinder auf irgendeine Weise zerstören. Jedes Leben wird in seiner Kindheit geprägt, und zwar nicht nur positiv. Überhöhte Erwartungen sind genauso traurig wie zu wenig Förderung. Eltern, die jeden Schritt ihres Kindes überwachen, können ihm damit genauso sehr schaden, als würden sie es zu wenig in den Arm nehmen. Arbeitslose Eltern sind also keine schlechteren Eltern als Eltern mit Arbeit – aber die Erfahrung, mit arbeitslosen Eltern aufzuwachsen, kann bis ins Erwachsenenalter nachwirken. Für eine Studie haben Wissenschaftler aus Maastricht Daten von jungen Erwachsenen im Alter von 18 bis 31 Jahren ausgewertet, die mit Eltern aufwuchsen, die in dieser Zeit Arbeitslosigkeitserfahrungen machten.[42] Sie fanden unter anderem heraus, dass sie im Durchschnitt unzufriedener mit ihrem Leben sind als Altersgenossinnen – vor allem, wenn die Arbeitslosigkeit der Eltern im frühen Kindesalter oder im Teenie-Alter lag. Schlechte Stimmung in Familien wirkt sich als Stress auf kleine Kinder aus, während ältere Kinder nicht mehr vor der oft schambehafteten Einsicht geschützt sind, dass es ihrer Familie finanziell schlechter geht als anderen. Eine andere Erkenntnis der Maastrichter Wissenschaftler war, dass die Arbeitslosigkeit der Eltern auch positive Effekte auf die späteren Leben der betroffenen Kinder haben könne, da diese schon früh lernten, mit Unglück umzugehen und deshalb im Erwachsenenalter resilienter seien. Ich finde diese Interpretation ein bisschen zynisch, vor allem deshalb, weil die Eltern der Kinder nicht selbst entscheiden konnten, ob ihr Kind die potenziell abhärtende Erfahrung frühen Unglücks machen soll. Wer vor seinem Baby den Stress und die Traurigkeit der eigenen Situation nicht verbergen kann, der hat vermutlich das Gefühl, nicht nur gesellschaftlich, sondern auch als Elternteil zu scheitern. Schlechte Erfahrungen bleiben schlecht, selbst wenn man aus ihnen lernt.

Ich öffne meine Post nicht, fast nie. Meistens hole ich sie nicht einmal aus dem Briefkasten, bis es wirklich sein muss. An der Journalistenschule habe ich einen Text darüber geschrieben, für den ich einen Therapeuten in München interviewte, der mir erklärte, dass es nicht an den Briefen liegt. Sondern an mir. Ich hätte eine »generelle Lebensangst«. Damals habe ich das abgestritten, heute kann ich zugeben, dass er vermutlich nicht ganz unrecht hatte. Ich lebe mit der Grundangst, dass in jeder Sekunde etwas Schlimmes passieren könnte. Das Schlimme ist nicht benennbar, es ist nur ein Gefühl: Meine Welt könnte zusammenbrechen, jemand, der mich liebt, könnte mich plötzlich hassen, ich könnte meinen Job verlieren, weil aufgeflogen ist, dass ich ihn in Wirklichkeit nicht verdient habe. Ich habe ein schönes Leben, ich habe es mir selbst ausgesucht. Aber in meiner Kindheit habe ich gelernt, dass ich mir nie sicher sein kann. Und das finde ich schade, denn ich glaube, dass meine Eltern alles versucht haben, um mir diese grundlegende Sicherheit mitzugeben. Die Welt war nur größer und mächtiger als sie.

Arbeitslosigkeit ist dazu gedacht, Leben zu erschweren und zu zerstören. Sie würde sonst nicht ihre Funktion erfüllen, die darin besteht, Menschen zum Arbeiten zu bringen. Wahrscheinlich bin ich also nicht allein mit meiner Grundangst vor dem Leben; wir alle tragen sie in uns: die Angst vor dem Abstieg, vor dem Scheitern, vor dem Nicht-wieder-Aufstehen. Ich glaube, die meisten Menschen verdrängen diese Angst nur mehr oder weniger erfolgreich, indem sie sich einreden, sie hätten mit denen da unten, mit den Gescheiterten, mit dem Abschaum, nichts zu tun.

Ich kann das nicht.

KEINE ECHTE GÜTE

Warum wir den Armen nicht wirklich helfen

Es gibt also Menschen in dieser Gesellschaft, die gehen kaputt, damit der Rest sich von ihnen abgrenzen kann, und je mehr sie ausgegrenzt werden, desto mehr gehen sie kaputt. Und wenn sie kaputt genug sind, bezahlt der Staat Menschen, die sich um sie kümmern. Man nennt das dann soziale »Arbeit«, denn wer keine Arbeit hat, den kann man immerhin bearbeiten. Wenn der Rohstoff von Thyssen-Krupp Eisenerz ist und der Rohstoff von Holzverarbeitungsbetrieben Holz, dann sind die Verelendenden der Rohstoff der Sozialarbeiter: Sie verdienen ihr Geld damit, sie zuzuschneiden, herzurichten, anzupassen.

»Huch«, sagt die Frau am anderen Ende der Leitung, sie lacht, »es ist ganz ungewohnt, deine Stimme jetzt plötzlich am Telefon zu hören.« Sie ist wissenschaftliche Mitarbeiterin an einer Hochschule, und über zwei Ecken habe ich erfahren, dass sie mich (oder das, was man von mir im Internet lesen kann) gut kennt. Sie weiß, wie meine Stimme klingt, weil ich für das junge Programm des Deutschlandfunks mal ein Feature aufgenommen habe, in dem ich von meiner Kindheit erzählt habe. Dieses Feature hat die Wissenschaftlerin unzählige Male gehört. Ihr Job ist es, Mitarbeiter von Jugendämtern und Sozialämtern zu schulen. Oder eher: sie zu »sensibilisieren«. Sie bringt ihnen bei, dass die Menschen, mit denen sie tagtäglich zu tun haben, tatsächlich *Menschen* sind. Dass sie individuelle Geschichten haben, dass sie Gedanken denken. Dass sie nicht nur Aufgaben sind, die es zu erledigen gilt. Sie erzählt mir in unserem Telefonat, dass die Sozialarbeiter, für die sie die Seminare veranstaltet, manchmal abfällig über Menschen wie meine Eltern reden, dass sie manchmal frustriert sind, weil sich das Eisen nicht zu Stahl machen lässt, der Baum nicht zu Brettern. Weil die Leute, die sie bearbeiten sollen, nicht »mitarbeiten«. Weil die Elenden elend sind und es bleiben. Meine Stimme zu hören, die meine Geschichte erzählt und die meiner Familie, das erklärt mir die Wissenschaftlerin, mache es den Sozialarbeitern leichter, an das Gute im Hartz-IV-Empfänger zu glauben.

Ich kann mir vorstellen, warum das so ist. Das Feature war darauf angelegt, zu erklären. Die Redakteurin, die es mit mir entwickelt hat, hörte nicht auf, Fragen zu stellen: Warum ist das so? Wie fühlt sich das an? Warum hast du dieses gemacht, jenes nicht? Ihre Fragen haben den Anstoß dazu gegeben, dass ich mir manches zum ersten Mal selbst erklärt habe, und ihre Fragen haben mich verstehen lassen, warum ich auf anderes niemals antworten will oder antworten kann. Aber was wir beide wollten, die Redakteurin und ich, war etwas begreifbar zu machen. Jeder Mensch, der dieses Feature hörte, sollte mich verstehen. Es sollte nicht möglich sein, sich von mir abzugrenzen.

Heute empfinde ich genau diese Haltung als unterwürfig. Warum muss ich mich eigentlich erklären, damit die Welt besser wird? Warum müssen sich nie die anderen erklären, immer nur die Armen? Warum müssen die Sozialarbeiter in den Seminaren nicht ihre Überheblichkeit erklären, mit der sie sich über die Verelendeten hinwegsetzen – warum wird ihnen stattdessen liebevoll durch meine Mädchenstimme erklärt, dass alle Menschen menschlich sind?

Die Antwort darauf ist so leicht, dass es fast anstrengend ist, sie immer wieder aufzuschreiben: Weil die Sozialarbeiter arbeiten und meine Eltern eben nicht.

Ende des 19. Jahrhunderts hat sich die Gruppe der Bürgerlichen beziehungsweise der neu entstandenen kulturell gebildeten Bohème nach unten von den Arbeitern abgegrenzt und nach oben von den Aristokraten. Die Abgrenzung nach oben ergab sich aus der Abneigung gegen den »Geltungskonsum«, ein Begriff, den Thorstein Veblen 1899 in seinem Werk *Theorie der feinen Leute* prägte. Die Abgrenzung nach unten ergab sich ebenfalls aus Konsumverhalten, aber eben dem der Armen: Abfällig blickte man auf alles, was als »amerikanisch« galt, im Sinne der Brockhaus-Definition von »Amerikanismus« aus dem Jahr 1928 als »Massenerzeugung von entbehrlichen Gütern«. Was sich die Reichsten kauften, galt also als Protz – und was sich die Proletarier kauften, galt als Schund. Das Bürgertum lehnte dabei nicht den Konsum selbst ab – es entwarf nur eine Vorstellung davon, welche Konsumentscheidungen als satisfaktionsfähig galten.

Die Abgrenzung des Bürgertums von den Aristokraten und den Arbeitern ist mittlerweile überholt: weil sich die Felder, in denen gearbeitet wird, genauso verändert haben wie der Wert verschiedener Arbeiten. Ein Handwerker verdient heute mehr als mancher wissenschaftliche Mitarbeiter an einer Universität, weder eine Mathematikerin noch eine Sekretärin müssen sich schmutzig machen. Neulich hat mir ein Kollege erzählt, ihm sei seine Putzhilfe abgesprungen – weil sie sagte, dass ihr Chef sie nun dringend häufiger im Büro brauche. Das Putzen machte sie nur so nebenbei. Und CEOs großer Firmen brüsten sich gerade nicht damit, dass sie es sich den ganzen Tag lang gutgehen lassen, auf ihrem Geld sitzend – sondern damit, wie viel und wie hingebungsvoll sie arbeiten. Man könnte also sagen, es gibt nur noch Menschen, die arbeiten, und Menschen, die nicht arbeiten. Dadurch wächst dieser Abgrenzung eine gewaltigere Wirkmacht zu als je zuvor. Weil die Gruppe größer geworden ist, die sich abgrenzt: Alle, die am Konsum teilnehmen, gegen alle, die nicht am Konsum teilnehmen. Dazu kommt, dass die Abstiegsangst derer, die am Konsum teilnehmen, gewachsen ist. Selbst gut ausgebildete, studierte, intelligente Menschen sind unter prekären Bedingungen angestellt, in Arbeitsverhältnissen, aus denen sie jederzeit herausfallen können.[43] Je näher das Gespenst der Arbeitslosigkeit uns ist, desto unheimlicher wird es. Soziale Arbeit und staatliche Betreuungsdienste sind vorgeblich Mittel, um Menschen in die Gesellschaft zu integrieren. Doch im Kern verstärken sie die Abgrenzung der Betreuten – und legitimieren eine ganze Industrie, die sich selbst am Laufen hält.

Anfang 2019 sind mir bei einem Text in der *ZEIT* die Tränen gekommen. Zwei Autoren schrieben über die »letzten Arbeitslosen« und wie man ihnen helfen könne. Letzte Arbeitslose, das klingt nach dem Traum von Vollbeschäftigung, und so war auch die Frage des Textes: Was ist eigentlich das Problem der Leute, die man in dieser hervorragenden wirtschaftlichen Situation *immer noch nicht* zum Arbeiten kriegt?

Die Reporter hatten natürlich nicht direkt Langzeitarbeitslose gesucht und besucht, sondern den Umweg über eine Sozialarbeiterin genommen. Sie begleiteten eine Frau, die Langzeitarbeitslosen Jobs und Umschulungen besorgt, die zu ihnen nach Hause kommt und sie sehr eng betreut. Aus der Perspektive dieser Frau war auch der Text verfasst – die Perspektive der gütigen Helferin. Die Reporter trafen die Arbeitslosen nicht alleine, sondern immer nur in den Situationen, in denen sie von der Sozialarbeiterin bearbeitet wurden. Sie trafen sie als arme Würste, die keine Kontrolle mehr über ihr eigenes Leben haben. Sie trafen unverwertbare Rohstoffe und eine Arbeiterin, die ihr Bestes gab, sie dennoch zu formen.

Die Gütige begegnete in der Geschichte Menschen, die in der dritten Generation arbeitslos waren, Menschen, die auf die Reporter sehr *echt* gewirkt haben müssen, sehr *aus dem Leben*. Der Text war verständnisvoll – voller Mitleid für die Schicksalsschläge, die die Arbeitslosen erleiden mussten. Krebs und so. Die Reporter erklärten die traurigen Einzelfälle und deren »Lebensgeschichten«, um zu verstehen, warum es immer noch Abschaum gibt, obwohl die Wirtschaftslage so gut ist. Ich las die ersten paar Absätze auf Papier, im Büro, dann öffnete ich den Text online und durchsuchte ihn nach der Buchstabenfolge »arm«. Drei Wörter wurden markiert: »Charme«, »harmlos« und »warmherzig«. Natürlich ging es dabei immer um die Sozialarbeiterin: um ihre Warmherzigkeit, mit der sie die Herzen der Arbeitslosen gewann, die mehr ihr zuliebe in den Jobs blieben, vor denen sie sich fürchteten, als aus eigenem Interesse. Wie dumm sie sind, wie leicht zu manipulieren von so einer gütigen Frau, konnten die Leser denken und in sich hineinschmunzeln.

In dem Text kommt auch eine Familie vor, in der mehrere Generationen von Hartz IV leben. Die Mitarbeiter im Jobcenter nennen sie deshalb den »Arbeitslosen-Adel«. Eine Formulierung, die die Reporter gerne übernahmen:

> Der Adel ist schon in zweiter Generation arbeitslos, womöglich auch in dritter, genau wissen das weder sie noch er zu sagen, auch nicht, was die Kinder machen. Eine Tochter »lernt was mit Regale einräumen«, die anderen bekommen Babys. »Haben ja auch nichts zu tun«, sagt er, 50 Prozent Behinderungsgrad. Sie: 60 Prozent, laut Jobcenter-Gutachten lediglich »teilschichtig leistungsfähig«.
> Er sagt über sich: »Wenn einer Hektik macht, werde ich nervös.«

Sie antwortet auf die Frage, ob es in ihrem Leben je einen Berufswunsch gegeben habe: »Vielleicht was dekorieren?«
Er gilt im Jobcenter als renitent.
Sie als bemüht. Momentan feudelt sie täglich eine Stunde den Flur eines öffentlichen Gebäudes durch, danach ist sie erledigt.
Seit Jahrzehnten balanciert der Adel auf dem schmalen Grat zwischen Krankheit und Faulheit. Weniger mit Vorsatz, eher als Wesensmerkmal. Vererbte Arbeitslosigkeit.
Das Jobcenter hat den Adel mindestens so oft an die Schuldnerberatung vermittelt wie in Gelegenheitsjobs.
Ist die sanfte Tour bei den härtesten Fällen vielleicht doch genau die falsche?[44]

Da sitzen also zwei Menschen, die in der Deprivation aufgewachsen sind, deren Eltern nicht an der Gesellschaft teilgenommen haben, zwei Menschen, die als teilweise behindert gelten, die nie eine Chance hatten, jemals ein würdevolles Leben zu führen – ein Leben also, in dem man in Schuhen mit nicht löchrigen Sohlen im Sommer durch Parks spaziert und sich ein Eis kauft. Und zwei Reporter sprechen mit diesen Menschen und fragen sich danach, ob man sie nicht doch etwas härter anfassen müsste. Ich frage mich, was das sein soll, die *harte Tour*: morgens von der Polizei abgeholt werden und unter Aufsicht Straßen kehren oder Reportern die Koffer tragen? Und wer nicht spurt: Kopfschuss?

Als ich mit einem der Reporter darüber telefonierte, mit einem Kollegen also, der mir nichts Böses gewollt hatte und den Menschen in seinem Text auch nicht, suchte ich nach Worten dafür, warum die Geschichte mich so aufgewühlt hatte. Ich versuchte zu erklären, dass »Faulheit« keine Kategorie mehr ist, wenn man über Menschen schreibt, die nie gelernt haben, sich in der Welt zu bewegen. Dass es anstrengend ist, arm zu sein. Anstrengend, sich permanent überall fremd zu fühlen, anstrengend, im Leben nichts zu sein als ein verdammtes Problem.

Ich sagte meinem Kollegen, dass er die Schuld im Schicksal der Einzelnen gesucht habe, nicht im System. Dass er die Menschen als arme Würstchen dargestellt habe, als Hilflose, nicht als Unterdrückte. Im Verlauf unseres Gesprächs verstand ich, dass genau das bereits ihr Zugeständnis war. Dass sie diese Menschen nicht *nur* als »faul« oder »dumm« beschrieben, sondern auch als »vom Schicksal gebeutelt«, war für die Reporter eine Erkenntnis, die ihnen und den Lesern viel Verständnis abverlangt hatte. Und nun kam ich und wollte ihnen erklären, dass sie in Wirklichkeit gar nichts verstanden hätten. Wir sagten uns gegenseitig, dass wir uns sehr schätzten, aber nicht zueinanderkommen würden, und legten auf. Auch deshalb, weil es mir totenpeinlich war, dass ich die ganze Zeit heulen musste. Das lag an meiner Wut, weniger auf die Reporter als aufgrund des Gefühls, in ihrer Welt nicht willkommen zu sein. Der Gewissheit, dass sie nicht nur in einer Redaktion die Deutungshoheit hatten, in der auch ich arbeitete, sondern auch im Leben meiner Eltern, in dem Viertel, aus dem ich komme und in dem lauter Menschen leben, die die Reporter mitleidig als Arbeitslosen-Adel bezeichnen würden.

Life-Coaching ist eine Form der Beratung, bei der die einen Geld damit verdienen, dass sie den anderen einreden, dass diese die Verantwortung für ihr Wohlbefinden selbst tragen. Dass es nichts gebe, was sie an etwas hindern könne, solange sie nur an sich glaubten. Die gleiche Ideologie hat sich auch in die Behandlung von Langzeitarbeitslosen eingeschlichen. Man erzählt ihnen, dass sie alles schaffen können, wenn sie sich wirklich Mühe geben. Wer es dann trotzdem nicht schafft, der hat sich eben nicht genug angestrengt. Oder dessen Eltern haben sich nicht genug angestrengt.

Erbauliche Geschichten vom Scheitern sind zum Fetisch derjenigen geworden, die ihr eigenes komfortables Leben als persönlichen Sieg wahrnehmen, als Ergebnis individueller Anstrengung. Scheitern, das hört man ja in den letzten Jahren häufig, ist keine Schande mehr. Oder es sollte keine Schande mehr sein, wie zum Beispiel eine Journalistin in der *Berliner Morgenpost* schreibt: »In kaum einem Land sind Misserfolge so verpönt wie in Deutschland. Dabei ist Scheitern das Normalste der Welt – und manchmal hilfreich.«[45] Danach geht es im Artikel um eine britische Unternehmerin, die insolvent war. Sie ist also gescheitert, sie hat gelitten, sie hat die Schande des Misserfolgs gespürt. Die Geschichte dieser Unternehmerin hätte es aber niemals in eine deutsche Tageszeitung geschafft, wäre die Frau nicht wieder aufgestanden. Denn in Wirklichkeit finden wir nicht das Scheitern sexy und bewundernswert, sondern das Wiederaufstehen. Wenn bei *Höhle der Löwen* auf VOX ein 25-Jähriger von seinen drei gescheiterten Start-ups erzählt, dann darf er das nur erzählen, weil er gerade dabei ist, in einer Fernsehshow Geld für das nächste große Ding zu gewinnen. Der neue Hype ums Scheitern hat deshalb nichts mit Respekt vor den Verlierern zu tun. Scheitern ist menschlich, klar. Aber schick ist Scheitern erst dann, wenn es längst überwunden ist. Es gibt einen recht miesen Film, der *Over the Top* heißt, in dem Sylvester Stallone einen Trucker spielt, der sehr starke Oberarme hat. Er zieht mit seinem Truck von Stadt zu Stadt und besiegt andere Trucker beim Armdrücken, am Ende gewinnt er die Weltmeisterschaften, ungefähr so geht die Handlung. Die Spannungskurve der Armdrückszenen ist immer gleich: Der Handrücken des Helden ist nur ein paar Zentimeter vom Tisch entfernt. Der Gegner hat so gut wie gewonnen. Schwitzen.

Drücken. Zusammengekniffene Augen. Und bäm: Der Held holt die letzte Kraft aus dem fast weggedrückten Arm heraus und wuchtet den Unterarm des Gegners in einem Halbkreis über den Tisch. Das ist, was wir unter »Scheitern« verstehen: doch noch zu gewinnen. Deshalb sitzen bei *Anne Will* auch keine Hartz-IV-Empfängerinnen, sondern ehemalige Hartz-IV-Empfängerinnen, die anschließend Unternehmen gegründet haben. Deshalb sind Menschen Fußball-Fans: Da können sie einem Team zujubeln, obwohl sie wissen, dass es diese Saison nichts mehr wird. Sie können beim Scheitern zusehen und gleichzeitig daran glauben, dass der Aufstieg nah ist. *Gemeinsam durch das Tränental, geschlossen Hand in Hand. Und hinter der dunklen Gasse erstrahlt die gelbe Wand* – das ist aus dem BVB-Lied, das man im Ruhrgebiet schon im Kindergarten lernt und aus dem die Lust am Scheitern und Wiederaufstehen heraustrieft, die unsere ganze Pop- und Sportkultur durchzieht. Am Ende wird alles gut, und wenn es nicht gut ist, ist es nicht das Ende.

Die Sache ist: Für manche Menschen geht es nicht gut aus. Egal, wie viele warmherzige Sozialarbeiterinnen man ihres Weges schickt. Der Arbeitsmarkt ist Armdrücken, und wer fast verloren hat, gewinnt nicht mehr. Die Verlierer sind nicht sexy. Sie sind bemitleidenswert. Wer Mitleid hat, der fühlt sich meistens gut. Wer emotional bewegt ist, wenn er einen Obdachlosen sieht und ihm ein paar Münzen gibt, der denkt bei sich: Mensch, ich habe doch ein Herz irgendwo. Wer als Rucksacktourist in Entwicklungsländern unterwegs ist und denkt, dass die Armen dort innerlich viel reicher sind als sie selbst, der glorifiziert die Armut und die Verhältnisse, die Armut produzieren, wie nur Menschen es tun können, deren Privilegien auf denselben Verhältnissen beruhen. Sie haben Phantomschmerzen, weil sie zu viel besitzen und weil der Überlebenskampf nicht mehr Teil ihres Daseins ist, wofür sie sich selbst verachten, doch was ihre Empfindsamkeit und ihr Wunsch nach Verzicht dann hervorbringen, fällt unter das Label Wellness, ist also gerade kein echter Schmerz: Eine Fastenkur kann nur machen, wer die Wahl hat, zu essen. Minimalistisch kann nur sein, wer es sich leisten kann, wegzuwerfen. *Staycation* – Urlaub in der eigenen Stadt – kann man am leichtesten lieben lernen, wenn man vorher ein halbes Leben lang um die Welt geflogen ist. Wenn die Sieger den Verlierern nun ihre Güte zeigen wollen, dann tun sie ihnen nicht »einfach so« etwas Gutes. Sie tun es mit zwei Hintergedanken: einerseits an den vermeintlichen Glanz der Armut, der dem Leiden eine wilde, aufregende Komponente zuordnet. Ist es nicht toll, wie die Obdachlosen sich untereinander organisieren, wie sie zusammenhalten, wie sie sich nachts einen Schlafplatz suchen? Und andererseits unterstellen die Sieger den Verlierern, dass diese an ihrem Leid selbst schuld sind.

Im Jahr 2018 wurde durch Netflix ein Reality-TV-Konzept populär, bei dem ein Team aus schwulen Männern das Leben von Menschen in der amerikanischen Peripherie besser macht. Einer der schwulen Männer verschönert die Wohnung der Menschen, einer macht kleine Gesprächstherapiesitzungen mit ihnen, einer kauft neue Kleidung. Ich liebe diese Serie, und erst als ich die deutsche Version des Formats gesehen habe, die der rbb unter dem Namen *Queer 4 you* gedreht hat, wurde mir klar, wieso das amerikanische *Queer Eye* so gut ist: Die Männer, die dort die Leben von (manchmal auch armen) Menschen verbessern, drängen ihnen nie die eigene, urban-bürgerliche Symbolik auf, ob es um Kleidung oder um die Einrichtung geht. Und sie sagen ihnen nie, dass sie an ihrem Schicksal selbst schuld sind. Wenn da ein Typ auftritt, den man hinter seinem Bart kaum noch sieht und der in einem Wohnwagen lebt, dann sagen die Männer von *Queer Eye:* »Er ist traurig, und er versteckt sein wunderschönes Lächeln deshalb hinter seinen tollen Haaren vor der Welt. Der Wohnwagen ist süß, aber es wäre für ihn schöner, wenn er Zugang zu warmem Wasser hätte.«

In jeder Folge gibt es diese Szene, in der die fünf Männer zum ersten Mal in das Zuhause ihrer »Projekte« kommen; in unaufgeräumte Wohnungen, in winzige, dreckige, ewig nicht renovierte oder ewig nicht betretene Zimmer. Und in jeder Folge finden die fünf Männer schon in den ersten Szenen etwas, das sie wertschätzen. Sie lachen manchmal, sie machen Witze – aber sie erheben sich nie über die Menschen. Sie sagen: Was für eine *gorgeous* Kuscheltiersammlung. Wie beneidenswert, dass du dir dein inneres Kind bewahrt hast. Wenn jemand in einem Wohnwagen wohnt und nichts außer zerrissenen Flanellhemden trägt, dann verschönern sie seinen Wohnwagen und zeigen ihm, wie man Flanellhemden mit Chinos und Sneakern kombiniert.

Im deutschen Remake hingegen manifestiert sich alles, was in der Beziehung zwischen oben und unten, zwischen Bürgertum und (Lumpen-)Proletariat falsch läuft. Da kommen etwa in der ersten Folge vier schwule Männer (ein Coach, ein Modejournalist, ein Make-up-Artist und ein Dekorateur) in die Wohnung einer Krankenschwester – und sagen ihr erst mal, dass ihre Peter-Pan-Figurensammlung »kindisch« ist. Dass sie erwachsen werden soll. Sie ziehen ihr Shaping-Unterwäsche an und knallgrüne Hosen. Der Coach stellt sich mit ihr vor einen Spiegel und fragt sie, was sie an sich mag. Sie sagt: »Mein Lachen.« Er sagt, in etwa: »Hinter deinem Lachen versteckst du doch nur deine wahren Gefühle.« Dann werden ihr Locken in die Haare gedreht, die sie im Alltag vor der Frühschicht natürlich niemals wieder tragen wird. Es sind Nuancen, feine Unterschiede zum amerikanischen Original, an denen man merkt: Diese vier Männer sind nicht angetreten, um zu helfen. Sie sind angetreten, um paternalistisch zu belehren. Um einer Frau ein Ich aufzudrängen, das nichts mit ihr zu tun hat, sondern lediglich das Bedürfnis des Fernsehzuschauers befriedigen soll, Menschen in einen bürgerlichen Normalzustand versetzt zu sehen. Und das ist es, worauf auch soziale Arbeit und jede Form von »Hilfe« für die Armen in Deutschland ausgelegt sind: Sie transportieren Verachtung und Schuldzuweisung, indem sie die Symbole des Bürgertums denjenigen aufdrängen, die mit diesen Symbolen nichts zu tun haben.

Es gibt eine Normalität der Armut. Es gibt Schönes darin. Es gibt Gewohnheiten, es gibt ästhetisches Empfinden, das sich an den finanziellen Möglichkeiten orientiert, es gibt Konsum, der Freude macht. Wir haben früher einmal in der Woche eine Familienpizza mit Thunfisch bestellt, immer am Dienstagabend, da kostete sie nur sieben Euro. Das war weder gesund noch aufregend, aber es war ein Ritual, und es gehörte uns. Die Wände in meinem Zimmer hatte ich mit Wasserfarben angemalt. Das war weder schick noch klug, aber ich fand es eben schön. Das Leben, das die Armen sich zusammenstellen, wird nach bürgerlichen Maßstäben immer *trash* sein. Deshalb richten sich die Hilfen immer nach den bürgerlichen Ideen davon, was ein gutes Leben sein könnte.

Im Jahr 2006 bekam der Fernseh-Starkoch Jamie Oliver 400 Millionen Euro von der britischen Regierung, um das Essen in den britischen Schulkantinen zu »revolutionieren«, wobei das ein unpassendes Verb ist, da es Revolutionen nur von unten geben kann – was Oliver machte, war eher eine feindliche Übernahme von oben. Er setzte sich dafür ein, dass in Schulkantinen nicht mehr Pommes und Chicken Nuggets ausgegeben werden, sondern Obst, Gemüse und Vollkornprodukte. Reiche-Leute-Essen. Die Eltern der Kinder brachten daraufhin Hamburger und Pommes zur Schule, weil ihre Kinder den »überteuerten, fettarmen Mist« nicht essen wollten, was dazu führte, dass man die Eltern vom Schulgelände verscheuchte.[46] Dabei ist es ja vollkommen verständlich, dass die Eltern wütend waren auf den Fernsehkoch, der plötzlich Geld damit verdiente, Brokkolirezepte an subventionierte Schulkantinen zu verkaufen. Indem er die neuen Rezepte einführte, sagte er den Eltern der Kinder, dass sie selbst falsch lebten – obwohl das eben das Leben war, das innerhalb ihrer Möglichkeiten lag. Oliver suggerierte, dass der Geschmack der Eltern, der sich natürlich nach ihren finanziellen Ressourcen richtete, schlecht für ihre Kinder war und dass die Kinder nun durch eine Institution zu »besseren« Menschen erzogen werden sollten. Dabei ist Geschmack ja Konstruktion; wenn Chicken Nuggets seltener und damit hochpreisiger wären als Trüffeln, dann würden Chicken Nuggets wohl als Delikatesse gelten. Deshalb lässt sich auch nicht sagen, dass der Geschmack der Armen »schlechter« wäre, und es lässt sich genauso wenig sagen, ob es der Geschmack ist, den sie selbst wählen würden, wenn sie alle finanziellen Möglichkeiten hätten. Denn erstens haben sie diese nicht. Und zweitens ist Geschmack etwas, das antrainiert und anerzogen wird und das sich weder als gut noch schlecht bewerten lässt, sondern als konform oder abweichend. Indem eine staatliche Einrichtung entscheidet, dass Chicken Nuggets kein angemessenes Essen sind, entscheidet sie gleichzeitig, dass die Gewohnheiten ihrer ärmsten Kinder nicht als angemessen gelten können: Sie werden durch den Brokkoli als Abweichung vom System markiert.

Ich war 19 Jahre alt, als ich zum ersten Mal bewusst eine Avocado gesehen habe. Es war das erste Unisemester, ich hatte mich mit zwei Kommilitoninnen zum Sushi-Selbermachen verabredet, was wir sehr studentisch und aufregend fanden, und eine von ihnen bat mich per WhatsApp, eine Avocado mitzubringen. Da stand ich also im Supermarkt und suchte sehr, sehr lange nach einer Avocado, die nicht matschig war. Niemand mag schließlich weiche Mandarinen oder weiche Paprika oder weiche Tomaten. Zu wissen, dass Avocados weich sein müssen, gehört zu kulturellem Kapital, das ich damals noch nicht besaß. Als ich also mit der sehr, sehr harten Avocado (von der ich dachte, sie wäre einfach äußerst frisch) zu unserem Treffen kam, lachten die beiden anderen mich aus – aber nicht, weil sie dachten, dass ich nicht gewusst hätte, welches der erwünschte Zustand einer Avocado ist. Sondern weil sie dachten, ich hätte in der Eile einfach nur vergessen, die Avocado auf ihre Essbarkeit zu prüfen.

Bei uns zuhause hatte es Paprika und Tomaten und Gurke gegeben, Bananen und Äpfel und eine Schüssel, in der Süßigkeiten lagen. Ich durfte davon essen, so viel ich wollte. Wer seinen Kindern Süßigkeiten verbietet, tut das ja meistens aus Angst, das Kind könnte dick werden oder später als Erwachsener ausschließlich Pizza und Kekse essen. Die Sache ist: Das, was für einen Großteil der Gesellschaft als »nahrhaft« gilt, als »gesundes« oder »vielfältiges Essen«, ist teuer. Bio-Fleisch ist teuer, Gemüse ist teuer, vor allem das Wort »vielfältig« in Zusammenhang mit Ernährung lässt mich schaudern, denn Vielfalt bedeutet am Ende vor allem, dass man es sich leisten kann, sehr kleine Packungsgrößen zu kaufen und davon auch mal etwas wegzuwerfen. Kinder werden entgegen anderen Annahmen auch groß, wenn sie hauptsächlich Toast Hawaii essen und zum Nachtisch Vanille-Eis, Vollkornbrot macht nicht schlau, und die Armut, die es in der Gesellschaft gibt, lässt sich nicht durch Brokkoli-Gerichte in Schulkantinen bekämpfen.

Brokkoli-Gerichte in Schulkantinen bestätigen das Bürgertum darin, wirklich alles richtig zu machen, und verweisen Arme, die froh sind, mit drei Tiefkühl-Pizzen für 2,99 Euro ein Familien-Abendessen bestreiten zu können, auf ihren Platz.

Inzwischen esse ich sehr gerne Avocado. Und ersetze trotzdem immer noch manchmal Mahlzeiten durch eine Tafel Schokolade. Ich finde keine dieser beiden Optionen »vollwertiger« als die andere.

Das Viertel, in dem ich aufgewachsen bin, sah nicht halb so schrecklich aus wie Teile von Berlin oder die Pariser Banlieues. Unsere Nachbarn waren arbeitslose Deutsche oder arbeitende Migranten. Die Wohnungen hatten Balkone, von denen aus man auf andere Wohnungen blickte. Alles, was wir an Kriminalität kannten, also Diebstähle und (angeblich) Drogen, spielte sich in einem halb leerstehenden Hochhaus ab, das inzwischen abgerissen worden ist. Der Rest des Viertels war hässlich, aber nicht gefährlich. Im Sommer ging ich nach der Schule auf den Spielplatz und kam nach Hause, wenn es dunkel wurde. Vor meinem Kinderzimmerfenster blühten Gänseblümchen, und im Winter hängten die Nachbarn die Weihnachtsdekoration auf, bunte, grelle, blinkende Rentiere und Sterne, die fast grotesk ausgesehen haben müssen in dieser ansonsten so grauen Straße.

Wenn ich über meine Kindheit und ihre Umstände schreibe, ist es mir wichtig, dass die Ambivalenz klar wird, die jedes Leben charakterisiert: Es gibt Schönes im Schrecklichen, genau wie es auch Schreckliches im Schönen gibt. Es ist beschissen, arm zu sein, aber das bedeutet nicht, dass man 24 Stunden am Tag darunter leidet. Man wünscht sich nicht permanent, Avocados essen zu können. Hartz-IV-Empfänger können ihr Leben mögen, sie können ihre Kinder lieben, sie können am

Sonntagmorgen gut gelaunt Brötchen kaufen – so wie es auch in wohlhabenden Familien Alkoholismus, Verwahrlosung und Gewalt gibt. Diese Ambivalenz macht die Welt nicht gerechter und ist deshalb auch nicht versöhnlich gemeint – das System ist trotzdem Mist. Aber natürlich gibt es eine Normalität, die man mögen kann, selbst wenn man weiß, dass der Rest der Gesellschaft alles, was damit einhergeht, für durchweg schrecklich hält.

Gleich neben unserem Plattenbau war ein Park, den ich vom Fenster aus sehen konnte. Wir sind darin spazieren gegangen, aber nie wäre mir eingefallen, ihn einmal zu durchqueren und an einer anderen Stelle zu verlassen als dort, wo ich hineingegangen war. Auf der anderen Seite des Parks lag der »gute« Teil des Viertels, in dem ich aufgewachsen war. Bevor ich aufs Gymnasium ging, kannte ich niemanden, der dort wohnte. Dass in meiner Stadt Lehrerkinder und Ingenieurskinder wohnten, an Orten, zu denen man mit dem Bus fahren musste, das war mir natürlich klar. Aber dass *mein* Teil der Stadt freistehende Einfamilienhäuser mit riesigen Gärten hatte, wusste ich nicht. Der Park war wie eine natürliche Pufferzone zwischen den Eigenheimen und den Plattenbauten.

Heute gibt es in meinem »Quartier«, wie es von Stadtentwicklern genannt wird, ein Quartiersbüro, also einen blauen Container mit Sozialarbeitern drin, die Spielenachmittage und Seniorenkinoabende veranstalten. Man darf das herzig finden, und ich habe prinzipiell nichts gegen den Versuch, das Leben der Menschen in hässlichen Vierteln etwas schöner zu machen. Aber dieser Versuch ist zugleich Ausdruck einer Ausgrenzung der Menschen, die man zur »Unterschicht« zählt. Wenn eine Stadt sich entschließt, einen Stadtteil als »Problemviertel« zu bezeichnen, dann ist das eben nicht allein bezeichnend, sondern immer auch prägend, performativ; genauso wie eine

Standesbeamtin zwei Menschen zu Eheleuten erklären kann, kann der Staat Bürger zu Problemen erklären.[47] Die Wirtschaft macht Menschen arm, aber erst die für arme Menschen gewählte Bezeichnung »sozial schwach« stempelt sie dazu. Was gesagt wird, formt immer auch unsere Wahrnehmung – und was von uns erwartet wird, bestimmt immer auch, wie wir uns verhalten. Die Mutter meiner besten Freundin hat mal aus Spaß, als sie in Jogginghose zum Einkaufen ging, gesagt: »Wir leben in einer Asi-Gegend, also kann ich mich auch so anziehen.« Wäre an diesem Tag ein Journalist oder ein Soziologiestudent durch unser Viertel gelaufen, hätte er also diese Frau an diesem Tag auf dem Weg zum Supermarkt gesehen, hätte er sich womöglich notiert, dass die Asis mit Jogginghosen rausgehen, weil sie keine Würde mehr zu verlieren haben. So entsteht das, was wir Realität nennen, und so wird es bewertet. Die Gnade, die man gegenüber den Menschen in den »Problemvierteln« aufbringt, besteht darin, ihnen Sozialarbeiter zu schicken und frischen Sand auf ihre Spielplätze zu kippen. Es ist eigentlich mehr Verwaltung als Gnade,[48] und sie hilft vor allem den anzugtragenden Menschen in der Stadtverwaltung dabei, sich ein bisschen wohler zu fühlen – während das, was den Verwalteten wirklich fehlt, Geld ist. Geld, um an die Nordsee zu fahren. Geld, um ihre Kinder etwas sehen zu lassen, das außerhalb des Viertels liegt. Arme und Arbeitslose erleben die staatliche Hand als eine, die immer zugleich tätschelt und droht – bis sie zu Menschen geworden sind, die vor der Hand erschrecken, die ihnen droht, und die ohne ihr Tätscheln nicht können.

In seinem Buch *Kind im Brunnen* beschreibt der Journalist Christoph Schurian Auswüchse des Systems der Jugendhilfe in Deutschland. Darin offenbart er zum Beispiel, dass das Projekt »Kein Kind zurücklassen« der ehemaligen NRW-Ministerpräsidentin Hannelore Kraft deutlich weniger finanzielle Mittel bekam, nachdem festgestellt wurde, dass sich die tatsächlichen Effekte von Frühförderung nicht statistisch erheben oder auf andere Weise messen lassen. Die armen Kinder, die nun besser gefördert wurden, gaben den Politikern quasi nicht schnell genug Erfolge für ihr Geld zurück. Eindrücklich ist aber vor allem ein Jugendhilfefall, den Schurian rekonstruiert. Es geht um das Teenie-Mädchen Jasmin Schneider, das in einer sogenannten *multi problem family* aufwächst: Arbeitslosigkeit kombiniert mit Krankheiten der Eltern kombiniert mit Misshandlungen des Mädchens innerhalb der Familie. Das Jugendamt stellt für Jasmin einen »Hilfeplan« auf, gemeinsam mit einer Therapeutin, einem Familienhelfer und ihren Eltern. »Für das Fachpersonal stehen eine Gesprächstherapie der Mutter sowie der Aufenthalt in einer Traumastation für Jasmin im Vordergrund«, schreibt Schurian. Eine Menge Maßnahmen also. Und weiter: »Familie Schneider selbst ist bescheidener, wünscht sich Hilfen im Alltag und Sachen zu unternehmen, die ›Spaß‹ machen.«[49] Das Wort »Hilfeplan« allein ist Bullshit. Denn wirkliche Hilfe bedeutet, in die Zukunft gerichtet zu handeln – ohne zu wissen, ob man die Zukunft beeinflussen kann. In jedem Erste-Hilfe-Kurs lernt man, dass es immer gut ist, nach einem Unfall die Verletzten zu reanimieren, selbst wenn man eigentlich schon keine Chance mehr für sie sieht. Und man lernt, dass Helfende niemals schuld sind: Wer versucht, jemanden zu reanimieren, und ihm dabei den Brustkorb ramponiert, wird nicht wegen Körperverletzung angezeigt. Hilfe und Fürsorge haben keine Hintergedanken, sie sind selbstlos.[50] Ein Plan hingegen ist auf definierte Ziele ausgerichtet. Allein eine Wortschöpfung wie »Hilfeplan« offenbart also, dass soziale Arbeit eher auf das Befinden der Helfenden als auf das der Leidenden ausgerichtet ist. Da die Hilfen bei Jasmin Schneider nicht so richtig helfen und es den Eltern nicht deutlich besser geht, wird das Mädchen in einer Tagesgruppe untergebracht, in der sie auch übernachten soll. Sowohl sie als auch ihre Eltern betonen immer wieder, dass sie zusammenbleiben wollen – die Helfer jedoch finden es besser, wenn Jasmin nicht zuhause ist. Der Aufenthalt des Mädchens in der Tagesgruppe kostet »den Steuerzahler« 2000 Euro im Monat. Die Honorare der mit dem Hilfeplan von Familie Schneider befassten Sozialarbeiter liegen bei etwa 2400 Euro im Monat. Für die Familie wird also deutlich mehr Geld aufgewendet, als sie in Form von Arbeitslosengeld bekommt – »ausgezahlt würden sich die Hilfen zur Erziehung zu einem stattlichen Mittelstandsgehalt summieren«.[51] In Deutschland arbeiteten im Jahr 2018 insgesamt 235 000 Menschen in der Kinder- und Jugendhilfe. Streetworker, Heimerzieher, Sozialarbeiter – der Arbeitsmarkt für solche Berufe wächst immer weiter. 51 Milliarden Euro wurden in dem Jahr in diesem Bereich ausgegeben – im Vergleich zu 30 Milliarden Euro für Hartz IV.

Natürlich ist es gut, dass es Jugendzentren gibt. Natürlich ist es gut, dass Eltern, die ihre Kinder misshandeln, von ihren Kindern getrennt werden. Aber das Problem, das Jugendzentren und Jugendämter nie bekämpfen können werden, egal wie viele Milliarden man ihnen zur Verfügung stellt, heißt Armut. 18-mal so viele Kinder aus Familien, in denen die Eltern keine Arbeit haben, werden in Pflegefamilien untergebracht wie Kinder aus Familien, in denen die Eltern Arbeit haben. In NRW waren 2009 fast 50 Prozent der Eltern, denen man »Erziehungshilfen« verschrieb, alleinerziehend, und 72 Prozent von ihnen waren arbeitslos.[52] Nun kann man natürlich sagen, dass es eben die Verlierer sind, die sich nicht durchsetzen können, die Dummen und Kranken, die es dann auch nicht hinbekommen, ihre Kinder vernünftig zu erziehen. Aber es ist die Armut, die krank macht. Armut nimmt Familien die Handlungsfähigkeit. Armut sorgt dafür, dass manche Kinder zum Ballettunterricht gehen können und andere nicht, dass manche Kinder in Häusern mit Gärten aufwachsen und andere nicht, dass manche Eltern einen Freundeskreis haben, der den Kindern zum Geburtstag gratuliert, ihnen Geschenke macht, und andere nicht. Dass manche Kinder am Leben teilnehmen und andere nicht. Arbeitslosigkeit und ihre Stigmatisierung entzieht erwachsenen Menschen die Verfügungsgewalt über sich selbst – dass dieselben Erwachsenen dann daran scheitern, ihre Kinder zu funktionierenden Mitgliedern der Gesellschaft zu erziehen, sollte eigentlich niemanden wundern. Man darf sich nun völlig naiv fragen, ob es nicht sinnvoller wäre, Menschen erst gar nicht finanziell und sozial verelenden zu lassen, um dann später zu versuchen, sie mit großem finanziellen Aufwand und wenig Erfolg aus ihrem Elend zu retten. Ob es also nicht nachhaltiger wäre, die Milliarden, die für Jugendhilfe ausgegeben werden, einfach in die Familien umzuverteilen, in denen arme Kinder aufwachsen. Aber das würde ja wirken, als bekämen die Armen etwas umsonst.[53]

Wir haben ein festgelegtes Verständnis von Gaben und Gegengaben. Wenn ich einem Kollegen sage, dass er einen wirklich tollen Text geschrieben hat, dann fühlt sich dieser Kollege ziemlich sicher dazu verpflichtet, mir demnächst mal etwas Ähnliches zu sagen. Ein Bekannter von mir führt eine Excel-Tabelle darüber, welcher seiner Bekannten ihm auf welche Weise zum Geburtstag gratuliert (persönlich, telefonisch, per SMS, per WhatsApp oder auf Facebook), um ihnen seinerseits exakt so gratulieren zu können. Wenn in Schulklassen gewichtelt wird, gibt es einen Richtwert, einen bestimmten Euro-Betrag, den die Kinder ausgeben dürfen – damit alles *gerecht* bleibt. Wenn nun einer armen Familie vom Staat Geld zugestanden wird, dann ist die allgemeine Erwartung an diese Menschen nicht nur, dass sie dankbar sind – sondern auch, dass sie der Gesellschaft etwas zurückgeben, indem sie sich zum Beispiel anstrengen, einen Job zu finden. Man muss hier noch einmal an das Programm »Kein Kind zurücklassen« erinnern: Von den armen Kindern erwartete man als Gegengabe für die kostenlose Nachhilfe eine statistisch sichtbare Verbesserung ihrer Schulleistungen. Als es diese messbare Verbesserung nicht gab, wurde die Förderung gekürzt. Die Kinder hatten schlicht keine Erfolge zurückgegeben. In den gleichen Denkschranken bewegt sich die oft zitierte sozialdemokratische Erzählung von dem 50-Jährigen, der *ein Leben lang eingezahlt* hat und dann auf Hartz IV endet. Hier erscheint uns die Gegengabe des Staates angesichts der Gabe des 50-Jährigen zu klein. Je tiefer man Menschen sinken lässt, desto leichter ist es, ihre Erfolge zu messen und zu verzeichnen. Ein Mädchen, das auf Staatskosten in eine Wohngruppe zieht, gibt schon dann etwas zurück, wenn ihre schlimmsten psychischen Probleme sich dadurch legen. Gibt man aber einer Familie *einfach so* mehr Geld als das nötigste, erwächst daraus sogleich die Annahme, dass sie dadurch etwas Extraordinäres leisten.

2011 verabschiedete Ursula von der Leyen als Arbeitsministerin das »Bildungs- und Teilhabepaket«, doch seine Absicht – die Ermöglichung der Teilhabe von armen Kindern an der Gesellschaft – wird durch die tatsächlichen Maßnahmen konterkariert. Das Paket ist aus vielen Gründen zu kritisieren, aber der perverseste Bestandteil war der, in dem geregelt wurde, wann ein Kind aus einer armen Familie Geld bekommen sollte, um Nachhilfeunterricht zu nehmen. Nämlich erst dann, wenn die Versetzung gefährdet war. Das bedeutet: ein oder zwei Fünfen auf dem Zeugnis. Es gab also für arme Kinder erst Hilfe, wenn fast schon nichts mehr zu retten war. Und die Hilfe wurde wieder eingestellt, sobald das Kind nicht mehr versetzungsgefährdet war.

Ich war gut in der Schule, deshalb habe ich oft und viel Nachhilfe gegeben, auch während meines Studiums noch. Die Eltern, die mir acht Euro pro Stunde gaben, um ihren Kindern Englisch oder Latein beizubringen, haben sich meistens schon um Nachhilfe bemüht, wenn ihr Kind in Latein von einer Eins auf eine Drei abrutschte oder wenn es in Englisch mal mit einer Vier nach Hause kam. Die Kinder, mit denen ich arbeitete, waren nie versetzungsgefährdet – weil ihre Eltern früh genug dafür sorgten, dass ihnen das nicht passieren würde. Und wenn die Kinder ihren Lehrern davon erzählten, dass sie Nachhilfe bekamen, sahen die Lehrer das nie als Affront gegen ihre Lehrkompetenz, sondern als eine Leistung des Kindes: Toll, dass du dich anstrengst! Eine meiner Schülerinnen bekam mal von ihrer Lateinlehrerin die Klausur im Vorhinein zugesteckt, um sie mit mir in der Nachhilfestunde zu übersetzen. Wer eh schon einen Vorteil hat, also Eltern, die Nachhilfe bezahlen können, der bekommt noch mehr Vorteile gratis. Wer einen Nachteil hat, also Eltern, die keine Nachhilfe bezahlen können, der bekommt noch mehr Nachteile: Der muss erst eine Fünf schreiben und den psychischen Stress ertragen, fast sitzenzubleiben, bevor jemand bezahlt wird, der hilft. Erst im August 2019, nach acht Jahren, wurde das Gesetz geändert, es ist jetzt etwas leichter, Nachhilfeunterricht zu bekommen: auf Empfehlung der Lehrer hin. Der Nachhilfeunterricht ist aber nach wie vor nicht darauf ausgelegt, dass ein Kind sich in der Schule deutlich verbessern kann oder einen sogenannten »Bildungsaufstieg« vollzieht, was ja Teilhabe bedeuten würde. Er ist nur dafür da, das Schlimmste abzuwenden.

Die Güte, die unsere Gesellschaft gegenüber Arbeitslosen zeigt, ist keine echte Güte. Sie ist vielmehr ein Akt, den man für notwendig hält, damit das Elend der anderen für die Mehrheit nicht zu belastend wird. Es existiert keine geteilte Vorstellung von Großzügigkeit den Armen gegenüber, stattdessen gibt es eine Verwaltung, die austariert, wie sehr Menschen leiden können, bevor es lästig wird. Das System der sozialen Arbeit ist dazu da, den Status quo zu zementieren, die Macht der Helfenden über die anderen. Genau wie Gefängnisse oder Psychiatrien ist soziale Arbeit ein Instrument, das »normal« von »nicht normal« trennt.

Der Name »Bildungs- und Teilhabepaket« für ein Gesetz, das Geld zur Verfügung stellt, damit arme Kinder in Sportvereine, Zeichenkurse, zum Schulmittagessen, auf Klassenfahrten oder zur Nachhilfe gehen können, ist bezeichnend für den Blick, den die Wohlhabenden auf die Armen haben. 2011 porträtierte der Journalist Johannes Pennekamp die »ersten Profiteure« des neuen Gesetzes: eine Familie etwa, die nun den Mitgliedsbeitrag für den Sportverein der Tochter bezahlt bekam, in dem die Tochter sowieso bereits war. Die Mutter konnte ihrer Tochter jetzt ab und an neue Kleidung kaufen, weil sie den Sportverein nicht mehr bezahlen musste.[54] Das Bildungs- und Teilhabepaket hat also *nicht* dafür gesorgt, dass sie ihre Kinder im Sportverein anmeldete – es hat nur dafür gesorgt, dass sie endlich etwas mehr Geld für sie zur Verfügung hatte. Das ist allgemein der Effekt, den auch die Forschung zum Paket gezeigt hat: Es ermöglicht Kindern zwar keine gesellschaftliche Teilhabe, erzielt seine beste Wirkung dafür unbeabsichtigt gerade dadurch, dass es Familien zusätzliche Zahlungen zukommen lässt, was aber aus Gründen des politischen Marketings nicht so genannt werden darf. Solche Effekte tragen allerdings kaum dazu bei, dass die Gesellschaft gerechter wird. So liegt die monatliche Zuzahlung, die im Bildungs- und Teilhabepaket für kulturelle Bildung und Sport vorgesehen ist, bei 15 Euro, bis August 2019 waren es nur zehn Euro. Man kann davon eine Vereinsmitgliedschaft im Fußballverein bezahlen. Aber man kann keine Fußballschuhe bezahlen, kein Trikot des Lieblingsvereins, keine neue Sporthose, wenn das Kind plötzlich wächst, man kann die Kinder nicht nach dem Spiel am Wochenende zum Pizzaessen einladen oder sie mit dem eigenen Auto zur Team-Freizeit fahren. All diese Ausgaben wären essenziell, wenn es wirklich um die Teilhabe eines Kindes ginge – aber sie sind in dem Paket nicht enthalten. Das Kind, das nun den Sportverein umsonst besuchen darf, bleibt darin also weiterhin Außenseiter. Vermutlich ist das ein Grund dafür, warum so wenige Hilfestellungen beantragt werden, so dass ein großer Teil des zur Verfügung gestellten Geldes übrig bleibt: Im Jahr 2011 wollte die Bundesregierung eigentlich über 750 Millionen Euro in das Paket investieren, doch am Ende wurden nur etwa 430 Millionen Euro ausgegeben – und davon nur 300 für tatsächliche Leistungen. Der Rest deckte die Kosten für die Verwaltung. Doch das Paket erfüllt noch eine andere Funktion: Wie so viele Leistungen für die Armen ist es eine Arbeitsbeschaffungsmaßnahme für Menschen in Behörden. So sagte etwa der Geschäftsführer des Jobcenters Rhein-Erft in einem Interview nach der Einführung des Gesetzes, dass er sechs neue Mitarbeiter einstellen werde.

Dass die Entscheidung darüber, welche Vereine Kinder besuchen dürfen und welche Nachhilfeangebote sie nutzen können, überhaupt beim Jobcenter gefällt wird und nicht beim Jugendamt, kann einen schon stutzig machen. Denn es ist ja nicht der *Job* eines Kindes, Basketball zu spielen oder zur Schule zu gehen. Zudem verfestigt das Bildungs- und Teilhabepaket Klischees darüber, was arme Menschen in ihrer Freizeit tun wollen. Es erlaubt die Mitgliedschaft in einem Fußballverein – aber wenn ein armes Kind davon träumt, Ballett zu tanzen, dann geht das nicht. Es sorgt vielleicht dafür, dass ein Kind in einer Gruppe Musikunterricht bekommt und Instrumente ausprobieren kann – aber wenn es sein Talent entdeckt und ein eigenes Instrument haben möchte, um wirklich exzellent zu werden, dann ist das illusorisch.

Ich bin vollkommen bereit dazu, die finanzielle Aufspaltung unter Erwachsenen als unschöne Nebenwirkung des Kapitalismus zu akzeptieren: Reiche Leute gehen in andere Restaurants als arme Leute, reiche Leute fahren an andere Urlaubsorte als arme Leute. Aber zu akzeptieren, dass aus einem Jungen, der in einer armen Familie aufwächst, niemals ein professioneller Balletttänzer werden kann oder ein Dressurreiter, das fällt mir schwer. Weil es so eine deutliche Ansage an die Armen ist: Ihr sollt euch ruhig bilden und ertüchtigen, aber bitte lasst *unsere* Kinder dabei in Ruhe. Und weil es jede Sonntagsrede über Chancengleichheit Lügen straft.

Bildung, das vergessen viele oft, kann man nicht essen. Bildung wärmt einem im Winter nicht die Füße. Das Wissen, dass man Wünsche im Konjunktiv II ausdrückt, lässt diese Wünsche noch lang nicht Wirklichkeit werden. Bildung ist ein Statussymbol des Bürgertums, das man den Armen gern zugesteht, weil es zwei Bedürfnisse des Bürgertums befriedigt: den Wunsch zu helfen, beispielsweise als Lehrer »Leben zu verändern« und Kinder »auf einen guten Weg zu bringen«. Und die Sehnsucht nach erbaulichen Lebenskampf-Geschichten, denn in dieser Kategorie gibt es keine bessere als die vom armen Kind, das sich gegen alle widrigen Umstände seiner Herkunft nach oben kämpft. Ich kann das alles gut verstehen. Während meines Studiums habe ich in einem Alphabetisierungskurs Flüchtlingen, die meisten kamen aus Eritrea oder Guinea, Lesen und Schreiben beigebracht. Ich erinnere mich an Mohammed, einen Mann Anfang 30, der anderthalb Stunden lang kämpfte, während ich ihm immer wieder neue Silben aufs Blatt schrieb, ihm immer wieder die Buchstaben erklärte, bis er plötzlich verstand, wie man liest. In diesem Moment hätte ich am liebsten vergessen, dass Mohammed hinterher in ein Mehrbettzimmer in einem Container zurückgehen würde, um auf seine Abschiebung zu warten. Das bisschen Lesen, das er bis dahin lernte, würde ihm nicht helfen, etwas daran zu ändern. Und so hilft auch Nachhilfeunterricht einem Kind nicht wirklich, wenn es zuhause kein eigenes Zimmer hat, um in Ruhe zu lesen, und wenn es bei jeder Sache, für die es Interesse entwickelt, zuerst fragen muss: Können wir uns das überhaupt leisten?

Ich habe ein Kinderbuch gefunden, das heißt: *Wie ist es, wenn man arm ist?*.[55] Es versucht, wie der Titel vermuten lässt, Armut zu erklären, kindgerecht. Das ist natürlich nicht leicht: Ich war mal Praktikantin bei der Kinderzeitschrift *Geolino* und habe dort gelernt, dass es für Texte über schreckliche Themen einen positiven Ausblick braucht. Und natürlich ist der positive Ausblick in dem Buch: Bildung. Da steht wirklich: »Wenn Kinder eine gute Bildung erhalten, ist es später für sie viel einfacher, einen guten Job zu finden und sich aus der Armut herauszuarbeiten.« Mit diesem Satz wird vollkommen selbstverständlich hingenommen, dass arme Kinder auf jeden Fall so lange arm bleiben werden, wie sie Kinder sind. Dass sie so lange leiden, bis sie einen »guten Job« finden. Und dass jeder, der keinen »guten Job« findet, arm bleibt. All das hat in der Vorstellungswelt des Buches, die auch unsere Vorstellungswelt ist, seine Richtigkeit.

Ich schätze Kinder sehr als Gesprächspartner, oft mehr als Erwachsene, und ich hätte eine Idee, wie man Kindern Armut und Elend erklären könnte. Also, liebe Kinder: Auf der Welt gibt es Geld, damit kann man sich fast überall auf der Welt schöne Dinge kaufen. Eigentlich kann man sich, wenn man genug Geld hat, alles kaufen, was man sich vorstellen kann. Logisch eigentlich, dass alle Erwachsenen am liebsten so viel Geld haben wollen wie möglich, oder? Die Sache ist nur: Es gibt nicht genug Geld, dass alle unendlich viel davon haben können. Deshalb kämpfen die Erwachsenen darum, wer das meiste bekommt, und um zu gewinnen, muss man manchmal lügen und sich besser darstellen, als man eigentlich ist. Man muss sich einen Job suchen und jeden Tag brav hingehen, auch wenn man den Job in Wirklichkeit doof findet. Dann verdient man Geld und kann sich Sachen kaufen, die andere Leute auch gerne hätten. Zum Beispiel ein schönes Haus. Vielleicht kann man dann sogar ein paar von den anderen Leuten in das Haus einziehen lassen, aber nicht einfach so, sondern für, genau: Geld. So bekommt man noch mehr davon und kann sich noch mehr Sachen kaufen. Vielleicht sogar noch ein schöneres Haus. Dann hat man gewonnen, und das ist ein schönes Gefühl. Das Problem ist aber, dass es auch Leute geben muss, die den Müll wegbringen, den man in seinem Haus macht, und überhaupt: Es kann nicht nur Gewinner geben, denn es ist ja nicht genug Geld für alle da, und man braucht auch ein paar Verlierer, die man auslachen kann. Deshalb verdienen nicht alle gleich viel Geld, und manche Leute kriegen auch keine Jobs, so wie es bei »Reise nach Jerusalem« auch nicht für jeden einen Stuhl gibt, sonst würde das Spiel ja keinen Spaß machen. Und die Leute ohne Job, die Verlierer, die sind dann arm. Die können sich keine schönen Sachen kaufen. Nicht einmal Sachen, die sie unbedingt brauchen, also zum Beispiel Essen oder Kleidung. Sie werden traurig und manchmal sogar krank. Dann tun sie den reichen Leuten leid, und die reichen Leute bezahlen dann jemanden, der zu den armen Leuten geht und ihnen sagt, dass alles wieder gut wird. Dass sie sich nur ganz doll anstrengen müssen. Und wenn die armen Leute das schaffen, obwohl sie krank und traurig sind, dann verliert beim nächsten Mal jemand anderes.

Verständlich und wahr, oder?

In einem Podcast habe ich die Geschichte eines Verlierers gehört: eines seit seiner Geburt geistig schwerbehinderten Mannes, der als Exhibitionist Frauen in der Öffentlichkeit belästigte und deshalb in eine geschlossene Klinik gebracht wurde. Jahrelang lebte er dort, ohne entlassen oder therapiert zu werden. Die Unterbringung eines Menschen in einer solchen Einrichtung kann mehrere hundert Euro am Tag kosten, laut dem nordrhein-westfälischen Ministerium für Arbeit, Gesundheit und Soziales sind es 255 Euro pro Tag und Patient. Bei einem einjährigen Aufenthalt wären das etwa 93 000 Euro. Wahrscheinlich ist es naiv – aber ich frage mich, was die Mutter des Mannes, eine Putzfrau, die sich wegen der Arbeit nicht permanent um ihren Sohn kümmern konnte, mit 93 000 Euro hätte machen können: ihren Job aufgeben, um rund um die Uhr für ihren Sohn da zu sein? In eine Wohnung ziehen, in der er sicher ist und die er nicht ohne ihre Aufsicht verlassen kann? Jemanden dafür bezahlen, dass er Zeit mit ihm verbringt? Ich frage mich, was die Familie von Jasmin, die in einer Wohngruppe leben sollte, weil ihre Eltern sich nicht um sie kümmern konnten, mit über 4000 Euro im Monat gemacht hätte: in den Urlaub fahren? Kleidung für Jasmin kaufen, die ihr nicht peinlich ist? Ihr ein Hobby ermöglichen, von dem sie träumt? Vielleicht wären sie auch einfach nur in den Freizeitpark gefahren und hätten dort sehr viel Popcorn gegessen. Das wäre überhaupt nicht bürgerlich gewesen, es hätte nichts mit Bildung zu tun gehabt. Es hätte sie vielleicht einfach nur glücklich gemacht.

MAN KANN NIEMALS JEMAND ANDERES GEWESEN SEIN

Warum der Aufstieg kein Ausweis einer gerechten Gesellschaft ist

Wir haben einen Jugendfetisch. Anti-Ageing-Cremes und die faltenlosen Gesichter der Models auf jedem Laufsteg dieser Welt zeugen davon. Wir finden es beneidenswert, wie Kinder die Welt sehen, und wenn eine Schauspielerin älter ist als 45, dann darf sie nur noch senile Seniorinnen kurz vor dem Exitus spielen. Vor dem Tod haben wir Angst – deshalb fetischisieren wir die Jugend, die Kinder, die Unverdorbenen, Frischfleischigen.

Das heißt allerdings nicht, dass wir die Jugend auch gut behandeln. Im Gegenteil.

Wer jünger als 25 ist und Hartz IV bezieht, der kann sich noch weniger »Pflichtverletzungen« leisten als ein älterer Arbeitsloser. Schon bei einem verpassten Termin war das Jobcenter lange berechtigt, ihm für drei Monate das komplette Geld zu streichen – abgesehen von den Kosten für Unterkunft und Heizung. Wenn er einen weiteren Termin verpasst, dann muss das Jobcenter nicht einmal mehr die Kosten für Unterkunft und Heizung zahlen. Man bestraft Jugendliche also mit Obdachlosigkeit, wenn sie nicht das tun, was von ihnen erwartet wird.

Bei einer SPD-Veranstaltung in der Nähe von Stuttgart rauchte ich im Sommer 2019 eine Zigarette mit einem Mann, der etwa im gleichen Alter war wie ich. Hartz IV, sagte er, sei das Schlimmste, was seine Partei je gemacht habe. Er hatte selber Erfahrungen damit gemacht. Nach seinem Studium der Politikwissenschaften fand er nicht direkt einen Job. Da er nicht die Option hatte, zurück zu seinen Eltern zu ziehen und sich von ihnen versorgen zu lassen, beantragte er Hartz IV, meldete sich arbeitslos – und wurde daraufhin vom Jobcenter in verschiedenste Maßnahmen gesteckt, die alle nichts mit ihm und seinen Interessen zu tun hatten. Man wollte ihn einfach *irgendwie* als *irgendwas* in Arbeit bringen, schließlich war er jung und formbar – und nach den Hartz-Gesetzgebungen hat ein Arbeitsloser bei seiner Jobsuche kaum mitzureden. Als er einmal eine Maßnahme nicht besuchte, weil er am gleichen Tag ein Bewerbungsgespräch hatte, wurde er dafür vom Jobcenter sanktioniert, bekam weniger Geld. Dass er sich selbstständig einen Job suchte, war gar nicht gewollt: Er sollte lieber gehorchen.

Junge Menschen, vor allem, wenn sie arbeitslos sind oder die Kinder von Arbeitslosen, sehen wir zuallererst als Humankapital-Nachschub. Sie werden angepasst, gefördert, gefordert, ausgewählt. Man sagt ihnen, dass sie Lehrer werden sollen, weil gerade viele Lehrer gebraucht werden, oder Elektriker, weil ein lokales Unternehmen gerade einen Ausbildungsplatz frei hat. Wenn man ihre »Talente« entdeckt und fördert oder aus ihnen »Eliten« zusammenstellt, dann geht es dabei nie darum, dass junge Menschen ihr Glück finden. Es geht darum, sie möglichst effektiv zu verwenden und diejenigen auszusortieren, die nicht ohnehin zu den Eliten gehören und bei denen der Investitionsaufwand zu groß wäre, um sie dorthin zu bringen. Die Jugend gehört nicht sich selbst, sie gehört allen ein bisschen. Deshalb macht uns ein jugendlicher Arbeitsloser wütender als ein alter Arbeitsloser.

Die Familie ist das einzige sozialistische System, das funktioniert. Familien – also mehrere Menschen, die zusammenleben und zusammen das Leben planen – teilen alles. Familien teilen aber nicht alles in gleiche Teile, sondern jeder bekommt möglichst das, was er braucht. Es geht dabei nicht um Pflichtschuldigkeit, sondern um gegenseitige Unterstützung. Wenn etwa eines von drei Kindern einer Familie ein Auslandsjahr machen will, dann kann eine Familie sich gemeinsam entscheiden, im gleichen Jahr keinen Sommerurlaub zu machen. Wenn ein Kind gerade wächst, dann isst es mehr Nudeln als die anderen.

Und weil in Familien ein kleiner Sozialismus innerhalb des großen kapitalistischen Ganzen stattfindet, müssen die Kinder von armen Menschen in unserem System ebenfalls arm sein. Die gesellschaftliche Ausrede dafür ist, dass die Arbeitslosen sich mit zusätzlichem Geld für ihre Kinder *sowieso nur Alkohol* kaufen würden, womit man die Verantwortung für das Leid der Kinder ganz auf die Eltern verschiebt: Man würde ja gern helfen, aber es geht einfach nicht, bei diesen Leuten. Natürlich können auch reiche Menschen ihre Kinder vernachlässigen, natürlich sind auch reiche Menschen Alkoholiker (das Coronavirus und die Reaktion auf die damit einhergehende Leere sollte zu Genüge gezeigt haben, dass Alkoholismus auf Arbeitslosigkeit folgt, nicht umgekehrt). Aber ein wohlhabender Alkoholiker wird niemals als finanziell verantwortungslos seinen Kindern gegenüber gelten. Von dem Geld, das er für Rotwein ausgibt, könnte er seinen Kindern ja ein Pferd kaufen – und in der Zeit, in der er trinkt, könnte er ihnen vorlesen. Dass er es nicht tut, stört aber niemanden. Seine Sucht ist allen recht egal. Denn er macht sich nicht verdächtig, »faul« zu sein.

Sobald es also um das Wohlergehen der Kinder von Hartz-IV-Empfängern geht, wird deshalb über Sachleistungen diskutiert. Über Sozialarbeiter. Über noch mehr Nachhilfe, noch mehr Gutscheine, Bildungspakete, Teilhabepakete. Weil man den Eltern nicht glaubt und nicht zutraut, dass sie Geldzuschüsse tatsächlich für ihre Kinder verwenden würden. Und weil die Ideologie der Arbeitsleistung, der gottgegebene Sinn des Gelderwerbs und das ganze System des Drohens und Tätschelns sich erübrigen würden, sobald jemand, der nicht arbeitet, mehr hat, als er zum Überleben braucht. Selbst, wenn er das Geld für sein Kind ausgibt, das ja überhaupt nicht arbeiten darf.

Es gibt kein Höchsteinkommen für Kindergeld. Jedes Kind hat ein Anrecht darauf. Nur die Kinder von Arbeitslosen bekommen faktisch kein Kindergeld, weil es auf deren »Bezüge« angerechnet wird: Kindern steht ein bestimmter Hartz-IV-Regelsatz zu, aber das Jobcenter überweist diesen Regelsatz nicht komplett, sondern zahlt nur die Differenz zwischen Regelsatz und Kindergeld. Einem einjährigen Kind von Arbeitslosen stehen zum Beispiel 250 Euro Hartz IV monatlich zu. Jedem einjährigen Kind stehen 204 Euro Kindergeld zu. Das heißt, dass ein einjähriges Kind 46 Euro Hartz IV bekommt – den Rest seiner Ausgaben kann es ja aus seinen eigenen Einnahmen bestreiten. Es ist immer wieder hervorragend, wenn einmal jährlich alle über Kinderarmut diskutieren, weil die Bundesregierung viel Geld für einen »Armutsbericht« ausgegeben hat – und später dann das Kindergeld um ein paar Euro erhöht wird, die bei niemandem ankommen, der wirklich arm ist.

Jedes fünfte Kind in Deutschland ist arm. Alle wissen das. Und während die Wirtschaft wächst, überall gebaut wird und Leute mit mittleren Einkommen sich Immobilien kaufen, steigt der Anteil der Kinder, die in Armut leben, immer weiter. Im »Familienreport 2017«, verfasst von der SPD-Ministerin Katarina Barley, steht das auch genauso drin. Außerdem stellt der Report fest, dass es nicht gut für Kinder sei, in Armut zu leben. Dass sie unter der Situation in ihrer Familie leiden, physisch und psychisch. Die Lösung, die der Report dafür vorschlägt:

»Durch die Inanspruchnahme von Kindertagesbetreuung können die negativen Effekte von ökonomischen Belastungssituationen verringert oder ganz vermieden werden. Auch die Lebenszufriedenheit der Mütter sowie gemeinsame Aktivitäten zwischen Eltern und Kindern (z. B. Vorlesen) können negative Effekte abschwächen.« Die Kinder sollen also so wenig Zeit wie möglich mit ihren Eltern verbringen, weil es den Eltern so schlecht geht. Und wenn doch, dann sollen die Eltern mit ihnen etwas machen, das bildet und fast nichts kostet, zum Beispiel Vorlesen. Es fällt mir äußerst schwer, andere Adjektive für diese Haltung zu finden als: naiv und überheblich.

Kindern, die arm sind, fehlt Geld. Das weiß in Wirklichkeit sogar die SPD, die immer mal wieder über eine Kindergrundsicherung diskutiert, also ein Einkommen, das Kindern *unabhängig* von ihren Eltern gezahlt werden könnte. Denn alle steuerlichen Entlastungen, der Kinderfreibetrag, das Ehegattensplitting, kommen gerade den Menschen am meisten zugute, die sowieso schon das meiste Geld haben. Wenn diese angestrebte Grundsicherung allerdings für die Kinder von Arbeitslosen wieder über das Jobcenter abgerechnet und mit den Regelleistungen der Kinder verrechnet würde, würde sich für die Kinder von Arbeitslosen erneut nichts ändern.

In Arbeiterfamilien, daran erinnere ich mich aus den Gesprächen in den Wohnungen meiner Freundinnen, lernen Kinder früh, dass Arbeit das Leben bestimmt: *Wir können dieses Jahr nicht wegfahren, Mama bekommt keinen Urlaub mehr.* In Hartz-IV-Familien gibt es keinen Urlaub. Die Knappheit bestimmt das Leben. Wer mit Hartz IV aufwächst, der lernt, dass es nicht um materielle Dinge geht. Nicht etwa weil Besitz nicht gottgefällig wäre oder es irgendjemanden jucken würde, wenn doch. Sondern weil materielle Wünsche bei den Eltern traurige, überforderte Blicke auslösen. Zugunsten des familiären Friedens gewöhnen Kinder sich also Wünsche ab.

Da die Einkommensgrenze für Nebenjobs auch für »arbeitslose« Kinder gilt, werden diese Kinder bis zu ihrer Volljährigkeit nicht lernen, dass Arbeit sich lohnen kann. Sie werden nicht lernen, wie es sich anfühlt, einen Gewinn zu erwirtschaften. Die Strukturen des bloßen Überlebens, in denen sie gefangen sind, weil sie Kinder sind, schließen sie also vom Erlernen der grundlegenden Funktionsweise einer kapitalistischen Gesellschaft aus. Nicht, dass ich diese Funktionsweise großartig finde. Aber sie ist in unserem System der einzige Weg zur Teilhabe. Wir finden es ehrbar, wenn Menschen kämpfen, arbeiten, sich anstrengen. Und diese Ideologie wenden wir schon auf Kleinkinder an. Ich habe mal eine Reportage bearbeitet, für die die Autorin eine Pädagogin begleitet hatte, die mit Kindergartenkindern »Frühförderung« machte. Also mit Kindern, mit denen zuhause niemand spricht oder spielt und die deshalb in ihrer Entwicklung hinterherhinkten. Weil ich ein paar Fragen hatte, telefonierte ich mit der Autorin. Wir sprachen über die Kinder, die sie getroffen hatte. Und sie sagte: »Die Lisa, da merkte man, die hat sich richtig angestrengt. Aber der Danny, der hat das Angebot einfach nicht so angenommen.« Als ich antwortete: »Na ja, Danny ist drei Jahre alt«, sagte sie: »Ja, und man merkt, andere in seinem Alter nutzen diese Chance eben besser.« Für die Autorin war ein vernachlässigter Dreijähriger, der zur Frühförderung geht, genauso für sein eigenes Glück und Fortkommen verantwortlich wie ein Langzeitarbeitsloser in einer Bewerbungsmaßnahme.

Während meiner Schulzeit kannte ich viele Kinder aus Arbeiterfamilien, die mit 16, 17 Jahren anfingen, in Bäckereien zu arbeiten, als Kellner im Café oder hinter der Kasse im Supermarkt, alles damals auf 400-Euro-Basis. Ich selbst schrieb nur für die Lokalzeitung. Manchmal sah ich mich im Internet nach Stellenausschreibungen um, dachte über Ferienjobs nach, aber ich wusste immer: Mehr zu arbeiten hätte keinen Sinn. Denn anders als meine Freundinnen, die ihre zusätzlichen 400 Euro für Partys, Klamotten und das eigene Auto einplanen und ausgeben konnten, hätte ich mindestens 260 Euro davon ans Jobcenter abgeben müssen. Kinder, die von Hartz IV leben, dürfen nicht mehr als 100 Euro »dazuverdienen«, genau wie ihre Eltern. Ich war also nicht nur vom Konsumieren ausgeschlossen, weil ich kein Geld hatte – sondern eigentlich auch vom Arbeiten. Vor allem aber davon, meine eigene Situation zu verbessern. Weil ich eben das Kind meiner Eltern war. Was hätte ich mit 400 Euro gemacht? Wahrscheinlich: einen Führerschein. Kleidung gekauft. Möbel. Fürs Studium gespart, für meinen ersten Umzug.

Wenn man darauf trainiert ist, mit ein paar hundert Euro im Monat auszukommen, dann sind hundert oder nur fünfzig Euro zusätzlich eine unvorstellbare Erleichterung. An meiner Schule bekamen früher die besten drei Abiturienten ein einmaliges »Stipendium« der Sparkasse, das man für Bücher oder den ersten Semesterbeitrag verwenden konnte. Ich war die Zweitbeste und bekam 300 Euro, die dafür sorgten, dass ich mir weniger Sorgen machte. Allein dafür hatte sich der gute Abischnitt gelohnt.

Ich hatte mir das Verschwinden von Geldsorgen immer so vorgestellt, dass ich mir im Schlussverkauf drei statt zwei Kleider kaufen könnte. Dass ich also 20 Euro ausgeben würde statt 14. Womit ich nicht gerechnet hatte, war, dass mir die Kleider nicht mehr gefallen würden. Ausreichend Geld zu haben führt dazu, dass man Lust hat, es auszugeben. Dadurch wachsen die Bedürfnisse. Das war mir damals nicht klar. Mit 16 hatte ich immer verkündet, dass ich mein Einkommen spenden würde, wenn ich irgendwann eins hätte, und für mich selbst nur das verwenden würde, was ich unbedingt brauche. Ich hatte kaum große Wünsche, ein Kleid mehr eben. Meine Freundinnen haben darüber gelacht – sie hatten Wünsche. Heute bin ich es, die noch ein Getränk bestellen will. Die lieber mit dem Taxi fährt als mit dem Bus.

Ich musste erst lernen, wie man konsumiert, wie man Geld ausgibt für Dinge, die man mag – und nicht für die Dinge, die am günstigsten sind. »Du guckst immer zuerst auf das Preisschild und dann erst, ob dir etwas gefällt«, hat mal ein Freund zu mir gesagt, als wir gemeinsam bei H&M standen. Ob mir etwas gefiel, das hing immer vor allem davon ab, ob es mir gefallen durfte. Ein Freund wollte mit mir immer *schön* essen gehen, das heißt in Lokale, in denen man reservieren musste und zu jedem Gang neues Besteck bekam. Ich protestierte, weil ich das für schreckliche Verschwendung hielt. Es dauerte eine Weile, bis ich das Geld-Spiel verstand. Bis ich kapierte, dass man in Restaurants nicht fürs Sattwerden zahlt, sondern fürs Zeitverbringen. Dass es okay ist, den Käse zu kaufen, der mir besser schmeckt, auch wenn er mehr kostet.

Aber ein bisschen bin ich dabei geblieben: der »Wert« einer Sache ist oft Bullshit. Der gute Käse ist am Ende auch nur ein Mittel der Selbstvergewisserung. Der Kapitalismus bringt uns bei, dass unsere Arbeitskraft unsere wichtigste Eigenschaft ist. Wir verbessern uns selbst, wir lernen, wir halten uns fit – alles, um aus unserer eigenen Person wirtschaftlichen Nutzen zu schlagen. Und die Produkte, die wir kaufen, sind dazu da, unsere Arbeitskraft zu erhalten: gesundes Essen, um nicht krank zu werden, Urlaube, um vom Stress zu entspannen. Wir investieren in uns selbst und in die Weltwirtschaft gleichermaßen.[56] Wenn wir nun auf einmal mehr Geld verdienen, sind wir davon überzeugt, dass auch unsere Arbeitskraft an Wert gewonnen hat, wodurch wir uns zu neuen Investitionen in uns selbst aufgefordert fühlen. Wer viel verdient und trotzdem den billigen Käse kauft, der hat das Gefühl, seinem eigenen Wert nicht gerecht zu werden. Wir müssen also Käse kaufen, der zu unserem Einkommen passt, um zu rechtfertigen, dass wir genau dieses Einkommen *verdienen* und *brauchen*, schließlich haben wir ja jeden Monat diese recht hohe Käserechnung.

Während ich diesen Text schreibe, sind in meinem Browser drei Tabs geöffnet, mit drei unterschiedlichen Uhren. Ich habe beschlossen, dass ich eine Armbanduhr brauche, weil es mir peinlich ist, bei Interviewterminen zwischendurch auf mein Handy zu gucken, um zu wissen, wie spät es ist. Aber ich bin vollkommen ratlos, was mir eigentlich gefällt. Eine der Uhren ist schlicht und schwarz und recht hübsch und kostet 12,99 Euro. Als ich sie mit Abstand noch einmal anschaute, hatte ich trotzdem das Gefühl, sie sehe vielleicht billig aus. Die Uhr im zweiten Tab, 149,99 Euro, sieht »hochwertig« aus – aber ich bin mir nicht sicher, ob ich damit nur den Markennamen meine, der im Ziffernblatt steht, oder ob ich diese Uhr wirklich zwölfmal so schön finde wie die günstige Uhr. Mir fällt Sawsan Chebli ein, die Berliner Staatssekretärin, die in Armut in einer Großfamilie aufwuchs und Ende 2018 dafür kritisiert wurde, dass sie eine Rolex für 7300 Euro trug, denn das sei nicht sozialdemokratisch. Das hilft mir auch nicht weiter – ich finde, dass Chebli so viele teure Uhren tragen soll, wie sie will, trotzdem glaube ich, dass eine Rolex nicht *schöner* ist als eine Uhr für 12,99 Euro. Ich werde also wahrscheinlich einfach weiter auf mein Handy gucken, wenn ich wissen will, wie spät es ist.

Was ich in mir trage und wovon mir viele Menschen erzählen, die ähnlich aufgewachsen sind wie ich, ist das Gefühl, nichts verdient zu haben. Ich habe viele Texte geschrieben, für die ich nie eine Rechnung gestellt und für die ich deshalb auch nie Geld gesehen habe – weil es mir nicht so wichtig war, das Geld. Weil ich dachte, dass ich gerade gar kein Geld *brauche* und deshalb auch keins bekommen muss. Ich war zufrieden, wenn ich mir Essen und Kleidung kaufen konnte.

Hartz IV vererbt sich. Vor allem in kartoffeldeutschen Familien, vor allem in westdeutschen Familien. Weil Kinder in diesen Familien die Motivation nicht kennen, mehr zu wollen als das, was sie haben. Wenn man sich ein Leben lang das Wünschen abgewöhnt oder es überhaupt nie lernt, dann ist es kontraintuitiv, sich in einen Beruf zu wünschen oder in eine Position, in der man mehr Geld verdient. Wünschen, Mehr-Wollen, am Kapitalismus teilnehmen, das sind auf gewisse Weise Kulturtechniken, die man erst einmal verstehen und erlernen muss. Eine Idee davon zu haben, dass einem Freude abseits des Überlebens zusteht – das allein ist ein Privileg, das den Kindern von Arbeitslosen vorenthalten wird. Es muss ihnen sogar vorenthalten bleiben, weil das Leid ihrer Eltern eine gesellschaftliche Funktion hat – und das Leid der Eltern bedeutet immer auch das Leid der Kinder. So ist Familie.

»Chancengleichheit« ist deshalb ein bescheuertes Wort, genau wie »Chancengerechtigkeit«. Es sind Begriffe, die zu verschleiern versuchen, wie weit entfernt wir sind von wirklicher *Gleichheit* und *Gerechtigkeit*. Eine *Chance* ist am Ende nämlich auch nur ein Almosen. Wer eine Chance geben kann, ist bereits mächtiger als derjenige, der die Chance erhält, und wer eine Chance nicht nutzt, der gilt als Versager. Chancen sind Filter, bei denen diejenigen unten herausfallen, die nicht genug Kraft haben. Wer davon spricht, eine »Chance« bekommen zu haben, der sieht sich selbst als unwürdig an. Ich würde deshalb ganz bewusst – und gegen das, was mir vermittelt wurde – nie im Leben sagen, dass ich die »Chance« bekommen habe, zu studieren, oder dass ich die »Chance« bekommen habe, an eine Journalistenschule zu gehen. Ich habe das alles verdient, weil ich Talent hatte. Genauso wie ich es als Kind verdient habe, Geld vom Staat zu bekommen, weil ich sonst krepiert wäre. Wer anderen Menschen Chancen gibt, der ist in Wirklichkeit einfach nur zu feige, ihnen etwas Substantielles zu geben: einen Job, Geld, eine Perspektive, Zuneigung, Vertrauen. Wer Kindern aus armen Familien Chancen verspricht, der verspricht ihnen keinen Weg aus dem Leid, das ihr Leben ist, sondern lediglich einen Kampf, bei dem sie gewinnen oder (wieder) verlieren können.

Es war mein erster Praktikumstag beim *ZEITmagazin*. Ich hatte mich in die Konferenz gesetzt, und ich hatte keine Angst vor irgendjemandem. Ich würde sogar sagen, ich war ein wenig arrogant. Der Chefredakteur kündigte die morgendliche Besprechung der aktuellen Ausgabe an. Die Titelgeschichte darin war ein Gespräch mit einer Wissenschaftlerin, die erklärte, wie es Menschen und Ländern gelingen könne, sich aus der Armut zu befreien. Das Gespräch war nicht schlecht und die Wissenschaftlerin sehr klug, aber das wusste ich zu dem Zeitpunkt nicht. Ich sah nur das Titelbild, eine Illustration, die ein Loch zeigte, aus dem eine Leiter ragte. Um das Loch herum war es hell, im Loch war es dunkel. »Der Weg aus der Armut« stand als Überschrift daneben.

Das ist also das Loch, aus dem ich eurer Meinung nach gekrochen bin, dachte ich. Und sagte nichts. Hätte ich etwas gesagt, ich wäre von da an die Hartz-IV-Praktikantin gewesen, die Arme, »die mit den Eltern«. Das Titelbild wäre außerdem das gleiche geblieben. Zu spät, es noch zu ändern – und Hartz-IV-Empfänger sind eben überhaupt gar nicht die Zielgruppe des *ZEITmagazins*. Egal also, was sie über ein Titelbild denken würden. Außerdem hatte das Loch ja einen Grund: Armut, so sah man es in der Redaktion, ist eben Mist, und es gibt nichts an ihr, was sich idealisieren ließe. Deshalb das Loch. Dass es aber Menschen gibt, die in diesem Loch leben, so gut es geht, die in diesem Loch Kinder aufziehen, auf diese Idee kam niemand. Armut ist Isolation und Deprivation, aber die Armen sind deshalb keine Untermenschen, sie leben und fühlen genauso wie alle anderen.

Ich halte überhaupt nichts von den Begriffen »Oberschicht« und »Unterschicht«. Sie klingen, als sei die Ordnung, die sie bezeichnen, gottgegeben und natürlich. Doch das ist sie nicht. Die Unterdrückung einiger Teile unserer Gesellschaft und die Ausbeutung ihrer Arbeitskraft ist eine Tätigkeit, die von Menschen ausgeübt wird. Sie ist das Produkt von Macht auf der einen und erzwungenem Gehorsam auf der anderen Seite. Genauso schlimm ist der Ausdruck »sozial schwach«, weil er nichts ist als ein fehlgegangenes Synonym für »arm«. Nur fühlt man sich als Teil der »oberen« Schichten weniger übel, wenn man die Probleme der Armen bei den Armen selbst sucht – genau dafür ist »sozial schwach« ein Ausdruck. Der Terminus impliziert, jemand habe nicht genug Kraft, um sich selbst zu helfen, und er stellt eine finanziell prekäre Lage in direkten Zusammenhang mit einer sozial prekären Lage. »Sozial Schwachen« weicht man aus, man will mit ihnen lieber nichts zu tun haben. Das Adjektiv »arm« ist mir hundertmal lieber, weil es ehrlich ist. Weil es auf einer Skala funktioniert, von »arm« über »einigermaßen wohlhabend« bis »reich« und »stinkreich«. Es integriert Arme in ein System, in dem sich Einkommen unterscheiden. Die Bezeichnung »sozial schwach« hingegen hat kein Gegenteil, denn es ist ja niemand »sozial stark« – »sozial schwach« macht die Armen zu einem Sonderfall in einem System, das ansonsten funktioniert. »Arm« enthält das Leid und das Elend, die Bereicherung daran und die Angst, die die Armut den weniger Armen macht. Ich bin lieber in Armut aufgewachsen als »in einer sozial schwachen Familie« – und wenn mich heute jemand fragen würde, wie viel Geld ich verdiene, dann würde ich sagen, dass ich relativ reich bin.

Und dann ist da noch der »Aufstieg« – ein Begriff, den ich nicht besonders mag, aber noch weniger gefällt mir, wie fremd die Vorstellung, die sich daran knüpft, den Deutschen ist. Während in Amerika die Erzählung des Tellerwäschers, der zum Millionär wird, so tradiert und weit verbreitet ist, dass sie irgendwann zum Klischee wurde, pflegen wir in Deutschland eher die Erzählung des ruhigen Verweilens. Deutsche ärgern sich eher nicht über die Größe ihrer Wohnung im Vergleich zu den Wohnungen reicherer Menschen, sondern darüber, dass die Wand im Schlafzimmer schimmelt. »Aufstieg« ist deshalb etwas Widernatürliches, unweigerlich verbunden mit Kampf, denn die quasi natürliche Ordnung muss ja überwunden werden. Aufstieg ist das, womit niemand rechnet.

Was also hat meinen »Aufstieg« bedingt? Warum bin ich, wo ich bin?

In *Wirtschaft und Gesellschaft* unterscheidet Max Weber zwischen der ständischen Lage und der Klassenlage eines Menschen. Die Klassenlage wird dadurch bestimmt, wie viel jemand besitzt – welche Dinge er kaufen kann, welche Ausbildung er hat und welche Möglichkeiten daraus im Kapitalismus entstehen.[57] Die ständische Lage hingegen ergibt sich aus der Erziehung, aus der Lebensführung – heute würde man sagen: aus sozialen Codes, die man von seinem Umfeld vermittelt bekommt. Weber erwähnt in diesem Zusammenhang auch, dass »Vermögenslosigkeit nicht schon allein ständische Disqualifikation« ist – dass es also möglich ist, mittellos zu sein und trotzdem eine Lebensführung und eine Erziehung zu kennen, die einen nach »oben« bringt. Der Soziologe Pierre Bourdieu hat das später als »kulturelles Kapital« bezeichnet. Kapital, weil sich manches Wissen als Investition betrachten lässt: Es erleichtert den Zugang zu ökonomischem Kapital, wenn man zum Beispiel weiß, wie und worüber man in einem Bewerbungsgespräch reden sollte. Gleichzeitig hilft es dabei, soziales Kapital aufzubauen, das heißt Beziehungen zu Menschen zu schließen, die wichtig sein könnten: indem man mit diesen Menschen über Themen reden kann, die sie interessieren; indem man ihr Vertrauen gewinnt, weil man weiß, welche Verhaltensweisen sie angenehm finden. Meine Mutter hat mir erklärt, welche Fächer man studieren kann. Welche Rechte ich habe. Dass ich mich von Lehrern nicht anschreien lassen muss. Dass man das Messer nach rechts legt und die Gabel nach links – dass das aber in Wirklichkeit völlig egal ist. Dass Philosophen darüber nachdenken, was die Welt eigentlich ist und wie wir Menschen auf ihr leben. Dass Zeitungen manchmal voneinander abschreiben. Dass *Ansichten eines Clowns* der einzig lesenswerte Roman von Heinrich Böll ist. Als ich acht Jahre alt war, hat sie mir *Den Mars bezwing ich in acht Tagen* vorgelesen, die Geschichte von Johannes Kepler, der gegen die Kirche gekämpft hat und gegen das Weltbild seiner Zeit. Jeder Mensch kann nur so weit wachsen, wie er gucken kann. Ich hatte einen sehr guten Ausblick. Und dann hatte ich Menschen, die mir zwar keine Chancen gegeben haben, dafür aber Geld und Dinge und Erlebnisse – die mir etwas geschenkt haben und dafür nichts wollten. Lehrer, Verwandte, Eltern von Freunden. Sie haben mich in den Freizeitpark mitgenommen, in den Urlaub. Kurz bevor ich von zuhause ausgezogen bin, hat mich die Mutter einer Freundin dazu eingeladen, mir Möbel auszusuchen, die sie nicht mehr brauchte. Ich nahm einen Holzschrank mit einem großen Spiegel und einen Teppich mit. Seitdem habe ich die meisten Möbel, die ich mit 18 angeschafft habe, wieder aussortiert – nur der Schrank und der Teppich sind immer geblieben. Die Eltern meines damaligen Freundes haben uns für den Umzug ihr Auto und den Anhänger geliehen. Ich habe all das nie als Hilfe empfunden, sondern als Großzügigkeit. Ich war dankbar, ohne das Gefühl zu haben, dass ich dankbar sein musste.

Wenn solche Dinge zusammenkommen, wenn also Eltern oder andere Bezugspersonen einem Kind soziales und kulturelles Kapital mitgeben und Menschen mit ökonomischem und sozialem Kapital großzügig sind, dann passiert das Unerwartete, nämlich der Aufstieg. Aber obwohl er vorgeblich das Ziel politischer Maßnahmen und Investitionen ist, obwohl er zumindest das ist, was alle predigen und fördern wollen, empfinden wir den Aufstieg nicht als die normale Folge eines Systems, das ihn ermöglichen soll. Der Aufsteiger ist immer noch eine Überraschung, eine Ausnahme von der Regel. Er wird als Mensch mit besonderen Fähigkeiten gesehen, als *Genie*, die Außergewöhnlichkeit seiner Geschichte wird unterstrichen. Die Leute finden es toll, wenn jemand aus dem Stamm der mehr oder weniger edlen Wilden (also der Leute, die von Vera Int-Veen für ein paar hundert Euro vor die Kamera gehievt werden) tatsächlich zwei klare Sätze hintereinanderbringt.

Das Genie wird gefeiert, sein Schicksal wird dennoch als grotesker Sonderfall markiert. So arm, so elend aufgewachsen und trotzdem so klug – das ekelt viele Leute fast, es macht sie neidisch, sie mögen es sogar ungerecht finden, dass jemand mit so schlechten Voraussetzungen das Leben besser gemeistert hat als sie. Gleichzeitig ist es rührend. Und damit dieser Gefühlsmix nicht zu sehr überfordert, müssen wir das Genie überhöhen, als absolute Ausnahme begreifen. Und das Genie wird sich vermutlich zunächst wohl fühlen in dieser Rolle – weil es ein positives Ausgeschlossensein ist, im Gegensatz zum negativen Ausgeschlossensein, das es zuvor erlebt hat.

Neulich saß ich etwa mit zwei Damen der Münchner Schickeria beim Abendessen, zwischen uns stand eine Käseplatte. »Ach, mein Sohn ist fast in Ihrem Alter«, sagte eine der Damen. Ihr Sohn studierte Jura und war fünf Jahre jünger als ich. Und natürlich folgte die Frage, die immer folgt, wenn man als 25-Jährige mit deutlich älteren Menschen smalltalkt: »Was machen denn Ihre Eltern?« Nicht aus Böswilligkeit, sondern aus dem Bedürfnis nach Identifikation heraus. Meine Antwort ruft meistens Anerkennung für das hervor, was als meine Leistung gesehen wird: »Das war sicher nicht leicht für Sie. Wie großartig, dass Sie sich da durchgekämpft haben.« Ein Redakteur sah mich mal nach Veröffentlichung eines Textes mitleidig an und sagte: »Du hast dich ja wirklich an den Haaren aus dem Sumpf gezogen!«

Ich komme nicht aus einem Sumpf. Ich musste mir keinen Schlamm aus den Haaren waschen. Ich komme aus einem Haushalt mit liebenden Eltern. Was mich anders macht, ist, dass ich aus einem armen Haushalt komme und nach meinem Masterabschluss angefangen habe, in einem Job zu arbeiten, dessen Stundenlohn weit über dem Mindestlohn liegt. Statistisch mag das wundersam sein – in meiner persönlichen Wahrnehmung und in der Erzählung, die meine Eltern mir schon als Kleinkind für mein Leben mitgegeben haben, war aber immer klar, dass ich studieren und arbeiten werde. Für andere Menschen hingegen bleibe ich ein Exponat in einem Museum, ein Wesen aus der Tiefsee mit komischen Farben und langen Tentakeln, die ich unter schwarzen Kleidern verstecke. Es ist möglich, sich an neue Umstände zu gewöhnen. Es ist möglich, sich anzupassen und nicht aufzufallen. Aber es ist niemals möglich, nicht man selbst gewesen zu sein. Die eigene Geschichte bleibt, im eigenen Kopf und in den Köpfen der anderen.

Ein überraschend aufsteigendes Genie, so denken wir, ringt sich allein durch. Es braucht niemanden, schließlich ist es sein durch die Natur vorbestimmter Weg, aus der Armutstiefsee in den Himmel der Bürgerlichen emporzusteigen. Diese Haltung ist nichts als eine Entschuldigung der Menschen, die über das Schicksal der armen Kinder entscheiden. Für diese Menschen wäre eine systematische Ermöglichung von Aufstieg zu aufwändig und zu teuer – und dann müsste man anerkennen, dass aufgrund der Ungerechtigkeit in unserer Gesellschaft Tausende Kinder zurückbleiben, die ohne soziales und kulturelles Kapital aufwachsen und ohne ein Umfeld, das ihnen die Hand reicht. Tausende potenzielle Genies, in Vorstädten, in Plattenbauten, in Flüchtlingsunterkünften, die ihre Möglichkeiten niemals entfalten werden. Denen wir allenfalls so viele Almosen geben, dass sie nicht kriminell werden und nicht ganz so krank.

Neben dem sozialen, kulturellen und ökonomischen Kapital nennt Bourdieu noch das *symbolische* Kapital, das nach Meersalzbutter schmeckt und sich zu Markenlogos ausformt. Symbolisches Kapital bezeichnet die Dinge, mit denen man signalisiert, dass man an bestimmte Orte *passt* oder dass man ein bestimmtes Einkommen hat. Wahrscheinlich könnte man argumentieren, dass Sawsan Cheblis Rolex eine Art von symbolischem Kapital ist: Sie zeigt damit, was sie sich leisten kann und dass sie in die Welt gehört, in der sie sich bewegt.

Um der Welt sein symbolisches Kapital zu zeigen, braucht man einen gewissen Habitus. In Cheblis Fall wäre das etwa die Besonnenheit, nicht jedem neuen Kollegen die Rolex unter die Nase zu halten und dazu den Preis zu nennen, sondern die Uhr mit der selbstverständlichen Würde zu tragen, die man nur besitzt, wenn einem 7000 Euro nicht die Welt bedeuten. Der Habitus besteht weniger aus Regeln als aus feinen Grenzmarkierungen. Es ist nicht unbedingt festgeschrieben, welche Uhren man tragen sollte, aber es ist schon allen klar, welche Uhren man auf gar keinen Fall tragen sollte. Es gibt kein Regelwerk dafür, wie man ein Netzwerk knüpft, oder ritualisierte Gepflogenheiten für Gespräche mit Vorgesetzten. Aber es gibt natürlich Dinge, die man unter keinen Umständen sagen sollte. Wer einen Habitus neu lernt, kann zwar durch Nachahmung einiges richtig machen. Herauszufinden, was man alles *falsch* machen kann, ist aber viel schwieriger. Wer in einem Habitus seit seiner Kindheit beheimatet ist, ist hingegen nie gezwungen, sich selbst von außen zu betrachten – der Habitus erfordert keine Anpassungsleistung, er ist eine zweite Natur, die man entsprechend ungezwungen zur Schau stellt.

Die Stadt, in der ich aufgewachsen bin, war recht fortschrittlich, was Bildungsgutscheine und Teilhabe von armen Kindern anging. Ich habe als Teenager angefangen, in der städtischen Jugendkunstschule Theater zu spielen, die Kosten dafür wurden übernommen. Ich wusste damals noch nicht, dass mich nichts auf der Welt so gut auf das Leben vorbereiten würde wie dieser Theaterkurs. Weil ich gelernt habe, das Leben als großes Verhaltensspiel zu begreifen. Die Theaterpädagogin erklärte uns zum Beispiel, dass Menschen mit hohem Status sich langsam bewegen und dass sie in der Bewegung nie sprechen – sowieso sprechen sie immer nur das Nötigste, sie halten Stille gut aus. Quasseln ist für Untergebene. Also sitze ich manchmal in Büros und denke an diese Worte, und dann fange ich erst an zu sprechen, wenn ich sitze oder stillstehe. Und ab und zu frage ich mich, wie andere Leute das machen: Ob sie auch jedes Mal darüber nachdenken, ob sie sich von außen sehen, die ganze Zeit?

Wenn man den Habitus als »System von Grenzen«[58] versteht, dann bedeutet das für Habitus-Wechsler die permanente Betrachtung ihrer selbst. Sie betrachten ihr neues Milieu vom alten aus und das alte vom neuen aus, sie vergleichen die eigene Person in beiden. Das ist erst mal nur eine Diagnose. Man könnte diese Selbstbetrachtung nun als zusätzliche mentale Arbeit bewerten, die kräftezehrend ist und die andere Menschen nicht leisten müssen. Genauso gut ließe sich argumentieren, dass sie mit zusätzlichen Kompetenzen ausstattet, mit einer Sprache, die andere nicht sprechen, einem aufmerksameren Blick auf die Dinge, der im Leben, auch im Kapitalismus, nicht unbedingt nutzlos ist. Andererseits: Es gibt immer den einen Blick, der als *richtig* gilt, von dem angenommen wird, dass ihn *die Mitte der Gesellschaft* teilt. Und weil diejenigen, die ihn neu erlernen, ihn irgendwann auch reproduzieren, wird er als Standard-Blick der Standard-Menschen nicht angefochten. Alles andere bleibt das Andere.

Bourdieu hat in seinen Texten nicht von »Schichten« gesprochen, sondern von »sozialen Räumen«, und ich glaube, das passt ziemlich gut: Unsere Gesellschaft ist aufgebaut wie eine Wohnung, in der die Zimmer durch Türen miteinander verbunden sind. Stellen wir uns vor, in jedem dieser Zimmer würde jeweils ein Tanz getanzt. Wir wachsen also in einem Zimmer auf und lernen dort zum Beispiel: Salsa. Wir tragen Kleidung, die dazu passt. Die Leute, die wir kennen, tanzen ebenfalls Salsa. Die Schritte beherrschen wir. Aber irgendwann kommt der Punkt, an dem wir durch eine der Türen gehen – weil eine Ausbildung bevorsteht, eine neue Liebe beginnt, ein Job verlorengeht. Manche Türen sind offen, durch manche Türen wird man von den anderen Salsatänzern geradezu hinausgedrängt, weil man vielleicht einen falschen Schritt gemacht hat oder weil nicht für alle Platz ist. Und manche Türen haben Schlösser, für die man erst den Code herausfinden muss. Anklopfen, sich durchfragen. Da hinter jeder Tür eine andere Musik spielt, muss man einen neuen Tanz lernen. Sich ein neues Outfit zulegen. Das neue Outfit kostet Geld, natürlich. Geld sollte man haben, um nicht blöd am Rand rumzustehen, ohne Tanzpartner und ohne Getränk. Aber selbst wenn man es in einen neuen Raum schafft und dort die Schritte schnell genug lernt, selbst wenn man viel Geld für das neue Outfit ausgibt und sich dem Rhythmus der anderen fast perfekt anpasst, wird es Momente des Stolperns geben, des Ertapptwerdens – irgendetwas, das einen als Eindringling enttarnt. Man bleibt am Rand des Raumes, denn es ist besonders schwierig, dorthin vorzudringen, wo der Tanz besonders synchron funktioniert: die Mitte des Raumes.[59] Erst mal muss man ein Netz spannen, andere kennenlernen, ihnen sympathisch sein. Wer schon viel soziales Kapital mitbringt, der muss dabei natürlich weniger strategisch denken als Menschen, die ärmer sind. Die Arbeitslosen sind diejenigen, die aus allen anderen Räumen hinausgedrängt werden. Sie tanzen nicht, sie sitzen herum. Ihr Raum ist der, in dem keiner sein will. Der Raum, vor dem alle Angst haben. Wobei: In Bourdieus Diagramm der sozialen Positionen kommen Arbeitslose gar nicht vor. Er hat sie gewissermaßen vergessen. Vielleicht stehen sie doch eher draußen vor der Tür des großen Gesellschaftsbungalows und wissen, dass alle Tänze zu schnell für sie sind, jede Kleidung zu teuer. Sobald sich ein Kellerfenster öffnet, würden sie natürlich trotzdem einsteigen und versuchen, sich hineinzuschummeln. Egal, wie oft sie es schon versucht haben.

Ich habe beschrieben, warum Arbeitslosigkeit und der Gedanke an die Arbeitslosen Furcht beim Rest der Gesellschaft auslösen. Abstiegsängste. Abgrenzungsbedürfnisse. Und dass der Kapitalismus diese Furcht braucht, um zu funktionieren – eine Furcht vor dem Sinnverlust. Die Furcht lässt sich nur aufrechterhalten, wenn der Aufstieg, das heißt der Wechsel von draußen hinein in die Räume des Sozialen, schwierig ist. Deshalb bringt man den Kindern vor der Tür, im Gebiet der Arbeitslosen und Armen, zwar einen Anfänger-Tanz bei – sagen wir: Discofox. Sie lernen die Grundschritte, und wenn sie es gar nicht auf die Reihe bekommen, dann werden sie *gefördert*. Sie sollen funktionieren. Sie sollen nicht stolpern und nicht offensichtlich elendig sein, wenn sie jemand zum Tanzen auffordert. Aber aufmüpfig, tangotanzend, möchte man sie auch nicht. *Förderung* ist nie darauf angelegt, den Wechsel zwischen den Räumen zu erleichtern. Bildungsgutscheine und überhaupt alle »Leistungen«, die man dem Nachwuchs der unterdrückten Klassen zugesteht, sind dazu da, sie in ihrem (Nicht-)Raum so richtig gut ankommen zu lassen. Sie warm und halbwegs beweglich zu halten, falls man sie noch für irgendetwas braucht.

Mit 16 habe ich meinen ersten eigenen Brief vom Jobcenter gekriegt. Ich solle doch bitte zu einem Beratungsgespräch kommen, Thema: meine zukünftige Ausbildung. Wenn ich nicht erschiene, würden sie meine Bezüge kürzen. Natürlich bekommen »normale« Kinder solche Briefe nicht. Bei ihnen geht man automatisch davon aus, dass sie die Schule mit dem Abitur abschließen. Ich habe meine Eltern angeschrien, als der Brief kam: Ihr seid arbeitslos, nicht ich! Dabei konnten sie ja nichts dafür, dass das Jobcenter schon Jugendliche in Schubladen steckt. Dass man ihnen noch vor dem 18. Geburtstag das Gefühl gibt, dass niemand von ihnen etwas erwartet außer Unselbstständigkeit und Versagen. Ich habe es der Mühe meiner Eltern zu verdanken, dass ich noch nie in meinem Leben ein Jobcenter betreten musste – weil sie mich davor geschützt haben.

Vielleicht finden sich in meiner Beschreibung des Räume-Wechselns und der Kämpfe, die darin liegen, auch Kinder von Arbeitern wieder. Das ist schön, aber wir unterscheiden uns. Es sind vor allem Männer, die versuchen, sich über ihre Vergangenheit als Arbeiterkind mit mir zu verbrüdern. Sie sagen dann: »Ach, wir hatten auch keine Bücher zuhause«, ohne dass sie mich jemals gefragt hätten, ob ich Bücher zuhause hatte (ja, viele). Vielleicht habe ich einen Scheißcharakter, aber ich blocke das immer ab: Diese Menschen sind in Wohnungen aufgewachsen, in denen wenigstens ab und zu neue Möbel standen. Ihre Eltern hatten ein soziales Netz, das sich auch aus Kollegen zusammensetzte. Sie hatten Angst vor dem Abstieg, aber sie wussten, wie man sich in der Welt bewegt. Wären wir gemeinsam aufgewachsen, hätte ich sie sehr darum beneidet. Denn ihre Eltern hatten zwar Angst – meine Eltern hingegen *sind* die Angst.

Während meiner Ausbildung an der Journalistenschule gab es einen Moment mit einem dieser Arbeitersöhne, den ich etwas verstörend fand. Wir gingen über eine Brücke an einem Sommerabend und sprachen darüber, dass ich immer gewusst hatte, was ich machen will, und er nie. Dass ich seit Jahren darauf hingeplant hatte, während sich bei ihm immer noch alles anfühlte wie ein Zufall. Und dann sagte er, er würde sich eine Kindheit wie meine wünschen. Nicht so langweilige Arbeiter-Eltern wie seine, der Vater Koch, die Mutter Sekretärin. Ich hätte doch viel mehr gespürt in meinem Leben, viel mehr darüber nachdenken müssen, wer ich sei und was ich wolle. Das sei ihm nicht vergönnt gewesen.

Genau wie sich Hartz IV vererbt und das daraus entstehende Gefühl, nichts verdient zu haben, vererbt sich die Resignation der Arbeiter-Eltern: das Gefühl, mehr verdient zu haben. Für meinen Freund war ich in diesem Moment eine Projektionsfläche für etwas, was er selbst nicht hatte, nämlich Inspiration und Antrieb.

Ich habe darauf nicht geantwortet, weil ich nicht wusste, was. Es gibt keine klaren Grenzen, die sich zwischen den Kindern von Menschen in Niedriglohnjobs und denen von Arbeitslosen ziehen lassen, überhaupt fällt es schwer, über die Realität einer Gruppe etwas zu behaupten, die ich nicht kenne. Aber auf einer theoretischen Ebene bin ich mir sicher, dass Arbeitsplätze – selbst schreckliche Arbeitsplätze – Menschen sozial einbetten, und das ist etwas, das meinen Eltern fehlte.[60]

Andererseits gibt es für Arbeiterkinder Hürden, die ich nicht kannte. Meine Eltern haben nie darauf gepocht, dass ich »etwas Vernünftiges« mache, sie haben mir alle Freiheiten gelassen. Ich wurde von meinem 18. Lebensjahr an von Stiftungen mit Vollstipendien unterstützt, und natürlich ist es gerade bei politisch linken Stiftungen leichter, ein Stipendium zu bekommen, wenn die Eltern arbeitslos sind. Manche meiner Freunde, denen ich so eine Unterstützung ebenso gewünscht hätte, fielen stattdessen in das sogenannte »Mittelschichtsloch«: Ihre Eltern hatten zwar genug Geld, aber nicht so viel, dass es sie nicht geschmerzt hätte, ihrem Kind in einer teuren Studienstadt die Miete zu zahlen. Ich weiß nicht, wie schwierig es ist, das Kind von jemandem zu sein, der wenig oder okay oder gut oder übermäßig verdient. Ich weiß überhaupt nicht, wie es ist, das Kind von jemandem zu sein, der Geld verdient.

Meine Antithese zu der Armut, die Hartz IV verursachte, ist nie Reichtum gewesen, sondern Freiheit. Die Freiheit von der Kontrolle des Jobcenters, die Freiheit, zu wählen, wo ich lebe und was ich tue. Und ich kenne viele Raumwechsler, auf die genau das zutrifft. Denen es nie darum ging, besonders viel Geld zu verdienen. Weil sie von ihren Eltern das Wirtschaften, den Gelderwerb und die Lust daran überhaupt nicht erlernen konnten – wohl aber die Machtlosigkeit spürten, in die sie hineingeboren wurden. Die nicht mehr verwaltet werden wollten.

Ich war 14 Jahre alt, als ich beschloss, Journalistin zu werden. Nicht weil ich vorhatte, viel Geld zu verdienen. Wofür man Geld braucht, das konnte ich mir ja sowieso nicht vorstellen. Sondern weil ich mir die Freiheit vorgestellt habe, die Journalismus bedeuten würde. Aufschreiben, was ich will. Eine Stimme haben. Orte sehen, die nicht mein Quartier auf der falschen Seite des Parks sind. Journalismus ist ein Job mit sehr geringen Einstiegshürden, weil man dazu nichts braucht als einen Block und einen Stift und ein bisschen Talent. Außerdem sind in Redaktionen die Hierarchien relativ flach. Das macht die Tanzschritte leichter zu erlernen. In der ersten Lokalredaktion, in der ich gearbeitet habe, haben wir uns oft gegenseitig beleidigt, es gab kannenweise schwarzen Kaffee und ein Dienstfahrrad, kein Auto. »Was hast du denn schon wieder für einen Sack an?«, hat mich ein Kollege manchmal gefragt, wenn ich ein neues Kleid trug. Und ich konnte dann zurückfragen, warum er schon wieder so ein Sackgesicht trug. Niemand war hochnäsig, niemand trug Anzüge oder Krawatten. Da waren nur ein paar Leute in einem Büro, die am Ende des Tages gemeinsam eine Zeitung vollgeschrieben hatten. Und niemand von ihnen hat mich je gefragt, was eigentlich meine Eltern machen.

»WIR NEHMEN ZURZEIT VIELEN MENSCHEN SEHR VIEL GELD WEG.«

Wie Hartz IV gemacht wurde

Es ist immer unruhig auf Parteitagen. Alle reden die ganze Zeit mit allen, obwohl ja immer jemand vorne auf der Bühne spricht. Weil alle, die im Publikum sitzen oder an den Presse-Tischen, das Gefühl haben, dass das, was *sie* gerade denken, die besten und wichtigsten Gedanken in dieser riesigen Halle sind. Vor allem bei der SPD ist das so, weil da viele ein Problem mit Hierarchien haben. Was erst mal ein Kompliment ist.

Ich glaube, es hat gerade jemand Unwichtiges geredet, eine Delegierte aus einem Ortsverband vielleicht, als ich am 7. Dezember 2019 an Boris Pistorius, dem Innenminister Niedersachsens, vorbeilaufe. Wir sind uns schon oft begegnet, denn er wollte SPD-Parteivorsitzender werden und ich habe darüber geschrieben, habe ihn und seine Gegner bei ihrer Deutschland-Tournee begleitet. In der Bundes-SPD war er einer der Favoriten, von den Mitgliedern bekam er dann weniger Stimmen als erwartet. Jetzt ist er gerade im Gespräch mit einem 80-Jährigen, der ihm erzählt, dass er seit 50 Jahren in der SPD ist, und Pistorius schaut drein, als hätte der Mann Mundgeruch, aber er lächelt trotzdem, er sagt, wie toll das sei, 50 Jahre, ja Mensch, was du da alles erlebt hast, Genosse. Ich begrüße Pistorius, der 80-Jährige zieht weiter, Pistorius deutet auf eine Frau, die ihm gegenübersteht, stellt mich vor, es ist Doris Schröder-Köpf, mit der Pistorius seit 2016 zusammen ist, Abgeordnete im Niedersächsischen Landtag, Ex-Frau von Gerhard Schröder. Ich mache einen Witz über die Stimmung in der Partei, wir besprechen, an welchem Stand in der Halle es den besten Kaffee gibt, Schröder-Köpf ist blond und freundlich und grinst und trägt, so erinnere ich das, einen Pullover, der sehr weich aussieht. Als ich weitergehe zu dem Stand, an dem es den besten Kaffee gibt, denke ich, dass das die Frau ist, die sich den Namen »Agenda 2010« ausgedacht hat für das Gesetzespaket, in dem auch Hartz IV enthalten war. So habe ich es im *Spiegel* gelesen, so wird es erzählt. Dass sie mit ihrem Ex-Mann und ein paar Beratern und Redenschreibern dieses Programm aus dem Boden stampfte. Die Frau, mit der ich gerade noch über den Kaffee gekichert habe. Und ich denke: Am schlimmsten ist, dass ich sie verstehen kann. Dass es sich mir intellektuell erschließt, warum meine Familie arm war, und dass ich es deshalb zwar nicht für richtig halte – aber für nachvollziehbar. Angst hat natürlich eine Rolle gespielt, die Angst alter Männer vor dem Verlust ihrer Macht, die Angst der Bevölkerung vor Amokläufern und Überschwemmungen, hinzu kamen Pessimismus und Zwänge und verletzte Ehre und allzu lange Nächte. In gewisser Weise könnte man sagen, dass die Agenda 2010 die erste Handlung einer großen Koalition auf Bundesebene war. Man könnte aber genauso gut argumentieren, dass sie ein Alleingang von Gerhard Schröder war. Politik ist nie logisch, sie hat nie nur eine einzige Wahrheit, denn sie wird ja von Menschen gemacht.

Am 15. Juli 1949, knapp zwei Monate nach der Gründung der Bundesrepublik Deuschland, veröffentlichte die CDU eine Art Wahlkampfprogramm – die *Düsseldorfer Leitsätze über Wirtschaftspolitik, Landwirtschaftspolitik, Sozialpolitik und Wohnungsbaupolitik.* Dieses Papier ist der Ursprung des Systems, das wir Soziale Marktwirtschaft nennen, erdacht als Gegenentwurf zur Planwirtschaft. Einen Monat nach der Veröffentlichung fand die erste Bundestagswahl statt – in einem neu gegründeten Staat, der eben noch Teil des Landes war, das mindestens sechs Millionen Juden ermordet hatte, das besiegt wurde und in dem nach Kriegsende die Nazis, die nun vermeintlich keine mehr waren, so taten, als wäre alles aus Versehen passiert. Zwei Jahre zuvor hatte der Kölner Erzbischof in seiner Silvesterrede gesagt, dass Mundraub gerechtfertigt sei, um sich selbst am Leben zu erhalten, weil im Winter Hunderttausende Menschen erfroren. Und dann also eine Wahl.

In dem CDU-Programm geht es viel um Armut, denn sie war ja überall. »Wirtschaftliche Not kann man durch zwei Verfahren zu überwinden suchen«, heißt es da, »die Planwirtschaft will die Armut gerecht verwalten und verteilen, die Marktwirtschaft will die Armut überwinden.« Es sei besser, sich durch einen Notstand hindurchzuarbeiten, als sich durchzuhungern. Der »Leistungswettbewerb«, so nahmen die Autoren an, würde alles gerechter machen: »Durch Leistungswettbewerb und Monopolkontrolle werden wirtschaftliche Machtpositionen zerstört.« Die Mächtigen, glaubte man, würden sich so lange bekämpfen, bis sie alle ungefähr gleich mächtig wären. Dann müssten sie ihre ähnlich verteilte Macht nutzen, um den Armen zu helfen: »Sicherheit zu fordern ist das Recht des wirtschaftlich Schwachen (…) Sicherheit zu gewähren ist die Pflicht des wirtschaftlich Starken.«

Das soziale Auffangnetz für Menschen, die keine Arbeit hatten, war in der Bundesrepublik in den Nachkriegsjahrzehnten lange Zeit recht breit und elastisch – und wollte man es aufweichen, gab es dagegen massive Proteste. Im Haushaltbegleitgesetz von 1984 etwa hatte die Regierung unter Helmut Kohl das Arbeitslosengeld leicht gesenkt: Man bekam nun nicht mehr 68 Prozent des vorherigen Nettolohns, sondern nur noch

63 Prozent. Die Arbeitslosenhilfe, die einsetzte, wenn man 12 bis 32 Monate nach Beginn des Bezugs des Arbeitslosengeldes noch keinen Job bekommen hatte, wurde ebenfalls abgesenkt: von 58 Prozent des vorherigen Nettolohns auf 56 Prozent. Die Senkungen betrafen allerdings nur kinderlose Personen. Familien bekamen weiterhin 68 beziehungsweise 58 Prozent. Menschen, die ihre Arbeit verloren, konnten also über Jahre hinweg ihren Lebensstandard mit Abstrichen aufrechterhalten. Viele Firmen nutzten diese Regelung, um langjährige Mitarbeiter in eine Art Frühruhestand zu schicken, denn der Staat zahlte ihnen ja etwa drei Jahre lang fast 70 Prozent ihres Gehalts weiter. Trotzdem kommentierte der Deutsche Gewerkschaftsbund die Situation der Arbeitslosen mit den Worten, die Kürzungen hätten »eine neue Form der Armut« entstehen lassen.[61] So war Sozialpolitik.

Eine Inspiration dazu, wie Sozialpolitik *auch* sein könnte, kam aus Großbritannien. Dort wurde 1986 das *Restart*-Programm eingeführt: Arbeitslose mussten alle sechs Monate zu Beratungsgesprächen erscheinen, bei denen überprüft wurde, ob sie für den Arbeitsmarkt überhaupt zur Verfügung standen, ob sie also bedürftig und auf Jobsuche waren. Der britische Staat wollte sich nicht damit begnügen, ein Netz zu spannen, das Bürger auffangen konnte, sondern ließ zusätzlich Seile hinunter, an denen sich die Menschen im Netz verpflichtend wieder hochziehen sollten. Das nennt man »aktivierendes Element«, weil davon ausgegangen wird, dass Arbeitslose außer herumliegen nicht viel tun. In Großbritannien waren die Lohnersatz-Zahlungen damals schon viel niedriger als in Deutschland, bei etwa 40 statt über 60 Prozent.

Nach 1990 stiegen die Zahl der Arbeitslosen und die Ausgaben für Soziales an. Und dann wurde es ab 1991 kompliziert: Im Bundestag saß eine Koalition aus CDU und FDP, während im

Bundesrat die SPD die Mehrheit hatte. Für Regierungsparteien ist das eine nervige Konstellation, schließlich kann der Bundesrat jedes zustimmungspflichtige Gesetz erst einmal blockieren, und sei es nur, um Macht zu demonstrieren und die Regierung als handlungsunfähig dastehen zu lassen.

Als Kind stellt man sich vor, dass die Welt nach Regeln funktioniert. Dass man einen Beruf lernt oder studiert und dass einem dort alles Fachliche beigebracht wird, was man braucht, um in der Welt zu bestehen. Es ist klar, in welche Richtung man geht, dass man Glück und Pech haben kann und dass abgesehen davon alles ziemlich eindeutig ist. Wie beim »Mensch ärgere Dich nicht«: Schmeißen ist Pflicht, im Haus kann man nicht überspringen. Aber in Wirklichkeit ist die Welt eher ein Schachspiel. Die Spieler bauen Fronten auf, sie tauschen Figuren gleichen Werts miteinander, sie warten darauf, dass der andere kurz unaufmerksam ist. Man kann Schach im Stillen spielen und trotzdem verstehen, was der andere warum tut. Man kann aber auch reden dabei, und trotzdem bleibt man auf dem Feld verfeindet. Einige Züge haben eher Symbolcharakter, andere stellen einen Angriff dar.

Mitte Mai 1993 war klar, dass der Bund bis Ende des Jahres deutlich weniger Steuergelder einnehmen würde als geplant. Daraufhin kursierte eine »Steinbruchliste« aus dem Finanzministerium, darauf standen Kürzungen bei Arbeitslosengeld und Unterhaltsgeld sowie eine Erhöhung der Beiträge zur Arbeitslosenversicherung, mit denen 20 Milliarden Mark eingespart beziehungsweise eingenommen werden sollten. Sowohl der CDU-Arbeitsminister Norbert Blüm als auch die SPD kritisierten die Vorschläge, von der damaligen SPD-Finanzexpertin Ingrid Matthäus-Meier kam ein Gegenkonzept, in dem sie Einsparungen bei der Raumfahrt, den Landwirtschaftssubventionen, der Verteidigung und Nuklearforschung vorschlug.

Mitte Juli gab es dann wieder so eine Liste, dieses Mal sollten sogar 27 Milliarden gewonnen werden, davon 15 Milliarden bei der Bundesanstalt für Arbeit, die erst 2004 in »Bundesagentur« umbenannt wurde. Der Arbeitsminister sah inzwischen ein, dass ein wenig gespart werden müsse. Die SPD hingegen nannte das Vorhaben »kaltschnäuziges Abkassieren an der falschen Stelle«. Sowohl die Gewerkschaften als auch die Arbeitgeberverbände stellten sich dagegen, dass Arbeitslosengeld oder Arbeitslosenhilfe gekürzt würden.

Am 21. November 1993 kam ich zur Welt.

Am 22. November verabschiedete der Bundestag die Spargesetze gegen alle Widerstände und trotz der erwartbaren Schwierigkeiten, den Entwurf durch den Bundesrat zu bekommen.

Am 26. November wurde der Vermittlungsausschuss einberufen, der interveniert, wenn Bundestag und Bundesrat sich nicht einig werden. Es wurde nachverhandelt und tatsächlich eine Einigung erzielt: Die Sozialhilfe sollte weiterhin steigen, allerdings um nicht mehr als zwei Prozent. Die Arbeitslosenhilfe wurde nicht zeitlich befristet. Und Gemeinden wurden nicht verpflichtet, Arbeitsplätze für Sozialhilfeempfänger zu schaffen, sondern nur dazu angehalten. Die Gewerkschaften sagten daraufhin, dies seien »Einschnitte ins soziale Netz«. Sie gaben sich enttäuscht, und auch die SPD räumte ein, nicht ganz zufrieden zu sein.

Im April 1994 wurde ein weiteres Gesetz verabschiedet, das »Beschäftigungsförderungsgesetz«. Demnach durfte es nun private Arbeitsvermittlungen geben, der Staat gab diese Rolle also teilweise aus der Hand. Und wer in einer Arbeitsbeschaffungsmaßnahme steckte, sollte nun weniger Geld bekommen. Manche SPD-Abgeordnete nannten das »soziale Demontage«.

Im Sommer desselben Jahres war Wahlkampf. Helmut Kohl gewann, die CDU regierte weiter.

Zwei Tage nach der Bundestagswahl gab der damalige Arbeitgeberpräsident Klaus Murmann eine Denkschrift heraus. »Die Soziallast wird uns erdrücken, wenn wir untätig bleiben«, heißt es darin. In dem Papier verglich der *Bundesverband der Arbeitgeber* die Löhne in Japan und Portugal mit den Löhnen in Deutschland und kam zu dem Schluss, dass letztere viel zu hoch seien. Der Verband forderte, dass Arbeit billiger werden müsse, nannte das aber »die Arbeit entlasten«. Er argumentierte gegen eine vermeintlich vorherrschende »Vollkaskomentalität«: Soziale Sicherung dürfe »keine Vollversicherung für alle Risiken des Lebens« sein. Außerdem war in dem Papier von der »Möglichkeit der Zusammenlegung einzelner Leistungsträger« die Rede – genau das, die Zusammenlegung von Arbeitslosenhilfe und Sozialhilfe, sollte später mit der Agenda 2010 Wirklichkeit werden. Der Arbeitgeberverband wünschte sich außerdem, dass die Sozialhilfe näher am »Existenzminimum« läge, worunter er den steuerlichen Grundfreibetrag von damals ungefähr 5600 Mark pro Jahr verstand. (Im Jahr 2004, als Hartz IV dann eingeführt wurde, betrug der Grundfreibetrag, auf den man keine Steuern zahlen muss, 7644 Euro, während die Transferleistungen pro Arbeitslosem bei etwa 6900 Euro pro Jahr lagen.[62]) Auch die Idee der Bedarfsgemeinschaften, wie sie heute in der Hartz-Gesetzgebung heißen, war schon mit aufgeführt: »Bei der Berechnung der Sozialhilfeansprüche« sei es ratsam, »nicht mehr auf die Summe der individuellen Ansprüche der Haushaltsangehörigen abzustellen, sondern auf die Haushaltsgemeinschaft insgesamt.« Und schließlich wurde in diesem Papier zum ersten Mal für Deutschland die Idee von Sanktionen formuliert: »Für Sozialhilfeempfänger, die arbeitsfähig sind und die Aufnahme einer angebotenen Tätigkeit verweigern, sollte eine Kürzung der Sozialhilfeleistungen gesetzlich vorgesehen werden.«

Die deutschen Arbeit*nehmenden* wünschten sich also, Menschen zu geringeren Preisen einkaufen zu können.[63] Sie wollten niedrigere Löhne zahlen und weniger Sozialabgaben. Sie wollten so viel Humankapital wie möglich zu so geringen Preisen wie möglich. Und sie bekamen es. Am 24. November 1994, drei Tage nach meinem ersten Geburtstag, sagte Helmut Kohl in einer Regierungserklärung, dass diejenigen, die zumutbare Arbeit ablehnen, weniger Sozialhilfe bekommen sollten. Wenig später forderte das *Kieler Institut für Weltwirtschaft*, dass man »zumutbar« neu definieren müsse – nämlich so, dass mehr Jobs zumutbar wären als nur der, den man gelernt habe, und natürlich auch solche Jobs, in denen man deutlich weniger Geld verdiene.

Die ersten Jahre meines Lebens kenne ich nur von Fotos und Erzählungen. Mein Kinderzimmer befand sich unter dem Hochbett meiner Eltern. Ich hatte unzählige Stofftiere, die mich von überall anschauten, sie hingen von den Balken des Hochbetts und lagen neben mir auf der Krabbeldecke. Mein Vater dachte sich für jedes Stofftier einen Namen aus, meine Mutter badete mich. Ich lernte laufen und sprechen und kam nicht vor in den Debatten der Zeit: Debatten über die Zukunft der Arbeits- und Sozialpolitik, die aus Großbritannien und den Niederlanden kamen und durch mächtige Menschen, denen diese Debatten nutzten, an Politiker herangetragen wurden.

In der SPD wurden die Stimmen, die laut über die Veränderung der Arbeitslosenhilfe nachdachten und damit immer eine Kürzung meinten, bis Mitte der Neunzigerjahre noch sehr solide unterdrückt. So sagte etwa Renate Schmidt im November

1994 bei einem Treffen des Seeheimer Kreises, also des eher konservativen Flügels der SPD, dass die SPD in der Sozialpolitik womöglich »zu spät« komme, wenn sie nicht anfange, den »Sozialmissbrauch« endlich zu thematisieren. Daraufhin wurde sie auf einer Sitzung des Bundesvorstandes hart angegangen und relativierte ihre Äußerungen.

Dennoch wurde das Klischee vom Sozialschmarotzer immer mehr zum Bestandteil der allgemeinen Wahrnehmung. Es gebe »inzwischen Sozialhilfeempfänger der dritten Generation«, schrieb ein Autor im *Spiegel* und wies darauf hin, dass Sozialhilfe plus Schwarzarbeit den Menschen besser ernähre als normale Erwerbsarbeit. Anstatt aber zu kritisieren, dass ein Großteil der Menschen für normale Erwerbsarbeit zu gering bezahlt wurde, kritisierte man die Armen dafür, dass sie arm waren. Natürlich gab es auch andere Stimmen unter den Sozialforschern, die klarmachten, dass Sozialschmarotzerei kein echtes Problem sei – sondern dass schlicht Arbeitsplätze fehlten. Aber das Klischee war in der Welt und wurde immer mächtiger.

Mit der Sozialhilfereform 1996 versuchte die Regierung Kohl, die Arbeitslosen unter erhöhten Druck zu setzen. Wenn sie sich weigerten, eine angebotene Arbeit anzunehmen, konnte ihnen nun die Sozialhilfe um 25 Prozent gekürzt werden – weitere Kürzungen waren der jeweiligen Arbeitsagentur vorbehalten. Wenn der Arbeitslose einen Job bekam, zahlte der Staat dem neuen Betrieb Zuschüsse zum Lohn. Einen großen Effekt hatte das neue Gesetz allerdings nicht: Eine große Anfrage einiger Abgeordneter der CDU ergab, dass in Hamburg im ersten Jahr nach Einführung des Gesetzes nur 900 Personen – 1,8 Prozent der erwerbsfähigen Hilfebezieher – die Leistungen gekürzt wurden. In anderen Städten war der Anteil ähnlich.

Gesetze zu verabschieden ist das eine. Doch die Ideen hinter den Gesetzen entfalten sich oft nur langsam im kollektiven Bewusstsein. In Deutschland galt lange, dass jemand, der einmal Schlosser gelernt hatte und sich deshalb an das Gehalt eines Schlossers gewöhnt hatte, nicht plötzlich am Fließband eingesetzt werden durfte. Ein arbeitsloser Schlosser war immer noch Schlosser, ein arbeitsloser Fremdsprachenlehrer blieb Fremdsprachenlehrer. Arbeit war nicht nur Selbstzweck, sondern auch Berufsstand, gesellschaftliche Position. Die Gesellschaft teilte sich nicht in Arbeitende und Arbeitslose, sondern in die verschiedenen Berufsgruppen. Das alte Arbeitslosengeld und die Arbeitslosenhilfe hatten den im Kern ständischen Charakter der Gesellschaft nicht angetastet, und die Mitarbeiter der Arbeitsagenturen hatten sich daran gehalten, Arbeitslose nicht in Stellen unter ihrer Würde zu drängen. Um das zu ändern, um billig einkaufbare Reserve-Arbeiter zu bekommen, wie es sich der Arbeitgeberverband in seinem Papier zur Sozialhilfe gewünscht hatte, musste man der Arbeitslosigkeit also zunächst die Würde nehmen.

Im April 1996 bezeichnete der damalige niedersächsische Ministerpräsident Gerhard Schröder die Kürzungspläne Helmut Kohls übrigens als einen »Raubzug«. Er könne sich, sagte er, »keinen sozialdemokratischen Ministerpräsidenten vorstellen, der einer Kürzung der Arbeitslosenhilfe, des Krankengeldes oder der Aufweichung des Kündigungsschutzes zustimmt«. Nachdem die Regierung Kohl Mitte 1996 den Entwurf zum »Arbeitsförderungsreformgesetz« präsentiert hatte, in dem stand, dass ein Arbeitsweg von bis zu drei Stunden zumutbar sei, dass Arbeitslose regelmäßig ihre »Eigenbemühungen« nachweisen müssten und dass nach einem halben Jahr Arbeitslosigkeit ein neuer Job mit einem Nettoeinkommen in Höhe des Arbeitslosengeldes zumutbar sei, standen in Bonn 350 000 Demonstranten auf der Straße.

Ungefähr zur gleichen Zeit schaffte der Präsident der Vereinigten Staaten, Bill Clinton, das soziale Sicherungsnetz der USA weitgehend ab. Er strich die Zahlungen an arme Kinder und begrenzte den Zeitraum des Anrechtes auf Sozialhilfe auf fünf Jahre. Wer wegen Drogendelikten vorbestraft war, verlor jeglichen Anspruch auf Geld vom Staat. Clinton nannte es »die Befreiung der Armen aus der Abhängigkeit«.

Einer Statistik aus Schleswig-Holstein im Jahr 1997 zufolge lag die Abbrecherquote bei den sogenannten »Hilfen zur Arbeit«, also Arbeitsbeschaffungsmaßnahmen, bei 10 bis 15 Prozent. Die Gründe: Überforderung, Suchtkrankheiten, andere Krankheiten, Scham. Zu diesem Zeitpunkt war fast die Hälfte der Langzeitarbeitslosen in Deutschland zwischen 50 und 60 Jahren alt – Menschen, die vergessen oder abgestellt worden waren und sich an diese Realität gewöhnt hatten. Wer Familie hatte, ließ sich leichter unter Druck setzen: 20 Prozent der Alleinlebenden brachen die Maßnahmen ab, aber nur 7 Prozent derjenigen, die Partner oder Kinder hatten. Wer sich für andere mit anstrengen muss, der nimmt einiges mehr in Kauf.

Wir zogen um. Aus der Wohnung mit dem Kinderzimmer unter dem Hochbett in eine Wohnung mit einem echten Kinderzimmer, ein bisschen weiter außerhalb gelegen, in einem der Plattenbauten mit kleinen, bezahlbaren Wohneinheiten, wie die CDU sie 1949 in ihrem Wohnungsbauprogramm gefordert hatte. Ich erinnere mich an dunkelblauen Teppich und an ein älteres Mädchen, das nebenan wohnte und meine beste Freundin wurde. Sie lebt dort, so habe ich es gehört, immer noch und arbeitet als Verkäuferin.

»Gegen den Luxus der Langsamkeit«: So hieß der Text, der die wirtschaftspolitische Wende des Gerhard Schröder markiert. Er erschien am 19. Mai 1997 im *Spiegel*, und Schröder lobt darin die

Innovationsfähigkeit der Amerikaner, nennt Bill Gates und Al Gore, zitiert Roman Herzog: »Es mangelt an der Fähigkeit der Eliten, das als richtig Erkannte durchzukämpfen, sich notfalls dafür verprügeln zu lassen.« Er träumt von deutschen High-Tech-Firmen, von Wagniskapital für Existenzgründungen, und er schreibt: »Soziale Stützpfeiler einzureißen erzeugt Zukunftsangst und verringert die Bereitschaft, sich auf Visionen einzulassen.« Jahre später – die Agenda 2010 war längst verabschiedet – schrieb der *Spiegel* in einer Rekonstruktion von Schröders Kanzlerschaft, dass der Text gar nicht von Schröder selbst stammte, sondern von drei Männern, die sich zutrauten, die deutsche Wirtschafts- und Sozialpolitik neu zu denken: Bodo Hombach (damals SPD-Abgeordneter im NRW-Landtag), Rolf Heinze (damals wissenschaftlicher Direktor an der Ruhr-Universität Bochum) und Mathias Bucksteeg, der heute Geschäftsführer des »Bundesverband Farbe« ist und laut seinem Lebenslauf vorher »in verschiedenen Interessenverbänden« gearbeitet hat. Die Legende besagt, dass sie sich in einem Ferienhaus in Holland versammelten, um ihr Land zu verändern – und dass ihnen nur jemand mit Charisma fehlte, der ihre Ideen verkörpern könnte. Sie fanden Gerhard Schröder.[64] Ideen wachsen oft regional. Als würden sie mit dem Wind herbeigetragen oder mit dem Regen. Alle drei Männer, die den *Spiegel*-Artikel für Schröder schrieben, stammten aus Nordrhein-Westfalen. Also aus dem Bundesland, das den Strukturwandel als erstes gespürt hatte, in dem lange schon nichts mehr besonders schön war und in dem die Arbeitslosigkeit besonders schlimm war, da die Menschen ja nur wegen der Arbeit hergekommen waren. Städte wie Bottrop, aus der Mathias Bucksteeg stammt, sind wegen der Kohle entstanden und mit der Kohle überflüssig geworden.

Während man in NRW nach Innovationen suchte, kamen die Ideen für Suppressionen aus dem Norden, oft aus Kiel.

Einerseits vom Kieler Institut für Weltwirtschaftsforschung, das Verbindungen zum Arbeitgeberpräsidenten Klaus Murmann pflegte, andererseits aus der schleswig-holsteinischen Landesregierung. Heide Moser, SPD-Ministerin für Arbeit und Soziales in Schleswig-Holstein, plante im Sommer 1997 gemeinsam mit dem Landesarbeitsamtspräsidenten Georg Fiedler die Initiative »Arbeit statt Sozialhilfe«, mit der sie die 25-prozentige Kürzung endlich konsequent durchsetzen und jeden Arbeitslosen einem persönlichen »Eingliederungsplan« unterwerfen wollte. Zur Umsetzung wurden zunächst Unternehmensberater angeheuert, die Anregungen geben sollten, an welchen Stellen Unternehmen Niedriglohnkräfte beschäftigen könnten. Wenn zum Beispiel ein gut bezahlter Mitarbeiter zwischendurch routinemäßig den Hof fegte, dann schlugen die Unternehmensberater vor, jemanden zum Hof-Fegen einzustellen. So wurden innerhalb von zwei Jahren 210 Stellen geschaffen, was bei dem hohen Einsatz doch eine recht deprimierende Bilanz ist. Die 210 Menschen, die auf diese Weise einen Job bekamen, wurden vom Land bezuschusst – genauso, wie es sich der Dachverband der Arbeitgeber erträumt hatte: Durch ein »Kombi-Einkommen« aus Erwerbsarbeitslohn und Sozialhilfe ließ sich ein Niedriglohnsektor schaffen. Arbeiten, die so egal sind, dass man sie auch weglassen könnte, und deshalb extrem mies bezahlt werden, konnten sich Arbeit*nehmende* nun vom Staat finanzieren lassen. Ganz praktisch bekamen die Arbeit*nehmenden* vom Staat quasi produktive Arbeitsstunden geschenkt: Anstatt dass ein gut bezahlter Mitarbeiter für eine gut bezahlte halbe Stunde den Hof fegte, fegte nun ein Mitarbeiter den Hof, für den der Staat zahlte.

Eigentlich ist das verrückt, aber so war eben die Stimmung der Zeit. Im *Tagesspiegel* rechnete im Juni 1998 eine Autorin vor, dass eine alleinerziehende Mutter von zwei Kindern monatlich

2800 Mark verdienen müsste, um netto mehr Geld zu haben als mit Sozialhilfe. Anstatt nun zu kritisieren, dass alleinerziehende Mütter wegen fehlender Kinderbetreuung nicht arbeiten können und für die Arbeit, die sie machen, zu schlecht bezahlt werden, kritisierte die Autorin, dass die Sozialhilfe zu hoch sei. Die Stimmung im Land kippte in eine Angst vor Sozialschmarotzern, in Leistungsverliebtheit und ein obsessives Bedürfnis nach Sparsamkeit. Der Diskurs um das Geld und die Arbeit wurde von neoliberalen Ökonomen geführt, die bestimmte Ideen davon hatten, wie man richtig wirtschaften sollte.

Kurz unterbrochen wurde die Krisenstimmung durch den Boom der New Economy von 1998 bis 2000. Die SPD hatte im Wahlkampf 1998 noch für ein »Bündnis für Arbeit« geworben, also einen Zusammenschluss von Gewerkschaften, Arbeit*nehmenden* und Politik zur Entwicklung von Strategien für mehr Arbeitsplätze – ein Bündnis, so erzählen es Leute, die damals Politik gemacht haben, das leider wenig erfolgreich darin war, brauchbare Ideen hervorzubringen. Sie wurden auch erst mal nicht benötigt, weil die digitalen Technologien eine Investitionsblase entstehen ließen, durch die es für kurze Zeit Entspannung auf dem Arbeitsmarkt gab.

Als Gerhard Schröder 1998 mit 40,9 Prozent der Wählerstimmen zum Bundeskanzler gewählt wurde, war das eine politische wie emotionale Zäsur. Die Arbeitslosenquote lag bei 10,2 Prozent, aber durch die rot-grüne Bundesregierung und den Rücktritt von Helmut Kohl, so die Annahme und das Gefühl vieler Wähler, würde alles anders werden: besser, gerechter. Doch auf die Freude über den Wechsel folgte recht schnell Verärgerung: Gemeinsam mit Bodo Hombach und Matthias Bucksteeg flog der neue Kanzler am 8. Juni 1999 nach London, um mit dem britischen Premier das Schröder-Blair-Papier zu erarbeiten, ein »Handlungskonzept für eine moderne Sozialdemokratie«, das vor allem auf den Rückbau der staatlichen Sicherungssysteme und freiere Märkte zielte. Die Linken in der SPD und die Gewerkschaften wehrten sich allerdings lautstark – sowohl Schröder als auch Blair legten das Papier erst einmal zu den Akten. Was da passierte, war und ist ein recht üblicher Vorgang zwischen sozialdemokratischer Basis und Parteiführung. Die Basis der SPD war immer etwas linker als ihr Spitzenpersonal – was nicht zuletzt daran liegt, dass es einen Hang zum Taktieren erfordert, um sich in einer Partei nach oben zu arbeiten. Wer politische Karriere machen will, muss Netzwerke knüpfen, sich platzieren, manchmal gegen die eigenen Überzeugungen handeln. Und wer zu idealistisch ist, hält das nicht durch.

1999 wurde ich eingeschult, ein paar Monate vor meinem sechsten Geburtstag. Meine Mutter sagte damals, sie halte es nicht aus, wenn ich noch länger im Kindergarten bliebe. Ihr gingen die Kindergartenlieder auf die Nerven, die ich andauernd sang.

Im März 2000 platzte die Blase der New Economy; es hatte doch nicht so viele Digitalunternehmen gebraucht wie gedacht. Eine Wirtschaftskrise kündigte sich an, und die Angst davor führte zur nächsten ideologischen Verschiebung der Arbeitsmarktpolitik. Im Oktober 2000 gründeten der Bundesverband der Arbeitgeber und der Bundesverband der Deutschen Industrie die »Initiative Neue Soziale Marktwirtschaft«, die Ideen zur Deregulierung des Marktes und zur Liberalisierung verbreiten sollte, denn ein freierer Markt, dachte man, sei die Lösung, der Schlüssel zum Wohlstand. Bei der Arbeits- und Sozialministerkonferenz einigte man sich kurze Zeit später darauf, Arbeitslose stärker zur Arbeit zwingen zu wollen. In einem einstimmigen Beschluss formulierten die Minister der Länder in ihrem

Abschlusspapier, dass durch »sinnvolle Verbindung von Arbeitsanreizen und Sanktionen (…) die Bereitschaft, eigene Anstrengungen zur beruflichen Eingliederung einzusetzen, bestärkt werden (soll)«.[65] Ebenfalls in Kiel betonte die SPD-Ministerin Heide Moser im April 2001, man müsse Sanktionen verhängen, »auch wenn es schwierig ist, das juristisch und verwaltungstechnisch umzusetzen«.[66] Es war dann aber ein CDUler, Roland Koch, damals hessischer Ministerpräsident, der Ende Januar 2002 den Entwurf zum »Offensiv-Gesetz« vorlegte; es sollte den einzelnen Bundesländern ermöglichen, die Arbeitslosenhilfe und die Sozialhilfe in den Jobcentern zusammenzuführen. Von »Fördern und Fordern« ist da die Rede, aber auch von schwarzen Schafen, die sich der Hilfe entziehen wollten und gegen die man vorgehen müsse, »im Interesse aller Hilfsbedürftigen«.

Nur ein paar Wochen nachdem Koch seinen Entwurf vorgelegt hatte, passierte das, was als »Vermittlungsskandal« in die Geschichte der Jobcenter einging. Es kam heraus, dass Mitarbeiter der Arbeitsagenturen geschummelt hatten, um ihre eigene Arbeit effektiver wirken zu lassen. Sie hatten Menschen als »vermittelt« verbucht, die sich ihre Jobs selbst gesucht oder noch gar keine Jobs hatten. Der Chef der Bundesagentur für Arbeit, Bernhard Jagoda, musste zurücktreten. Finanzminister Hans Eichel nannte die Behörde einen »selbstzufriedenen Apparat«.

In der Forschung zu Hartz IV gilt der Vermittlungsskandal häufig als Auslöser dafür, dass die Arbeitsmarktreformen so überstürzt realisiert wurden. Ironischerweise wurde also gerade das Versagen der Mitarbeiter in der Bundesagentur für Arbeit dafür verantwortlich gemacht, dass die Bedingungen für die Arbeitslosen verschärft wurden.

Ich habe mehrere Gespräche mit Menschen geführt, die damals in der Bundespolitik tätig waren, die Einfluss und einen Überblick über die Entwicklungen hatten. Auf die Frage, wie es zu Hartz IV kam, fiel keinem von ihnen der Vermittlungsskandal ein. Er war offenbar nicht so relevant, wie er gemeinhin dargestellt wird – ein Stein in der Lawine, aber nicht deren Auslöser.

Die letzten 18 Jahre haben die Welt verändert, in mancher Hinsicht zum Besseren. Viele Annahmen, die man damals hatte, würde man heute nicht mehr aussprechen, und vieles, was wir heute wissen, wusste man damals nicht. Ich musste mir das immer wieder ins Gedächtnis rufen, als ich ein Papier las, das der wissenschaftliche Beirat des Bundesministeriums für Wirtschaft und Energie im Sommer 2002 veröffentlicht hatte. Es trägt den Titel: »Reform des Sozialstaats für mehr Beschäftigung im Bereich gering qualifizierter Arbeit«. Der Beirat vermutete, dass sich durch die richtigen Maßnahmen in Deutschland 2,7 Millionen Stellen im Niedriglohnsektor schaffen ließen. Stellen, »die sonst nur in den Köpfen der Unternehmer existieren«, die diese aber nicht ausschrieben, weil es sich nicht lohne, jemanden für eine solche Tätigkeit – etwa das Fegen des Hofes – einzustellen, wenn man demjenigen einen Lohn zahlen müsse, der über dem Betrag der Sozialhilfe liege. »Bis auf eine friktionelle Restarbeitslosigkeit sind freie Arbeitsmärkte in der Lage, Vollbeschäftigung zu schaffen«[67], steht in dem Papier, ohne dass hinterfragt wurde, welche Arten von Beschäftigung dabei geschaffen würden. Unter dem Punkt »Therapiemaßnahmen« wird angeführt, der Staat solle »Umfang und Dauer von Transferleistungen drastisch reduzieren« und Beschäftigungsverhältnisse mit geringerer sozialer Sicherheit einrichten beziehungsweise Niedriglöhne, von denen Menschen nicht leben könnten, durch staatliche Zahlungen aufstocken. Nur an einer Stelle geht es kurz darum, auf welche Weise ein Niedriglohnsektor den Noch-Arbeitslosen nutzen könnte: »Die Aufnahme einer Beschäftigung lenkt von problematischen Ersatzaktivitäten ab.« Übersetzt: Wenn die Leute arbeiten, saufen sie weniger. Etwa zur gleichen Zeit gab die Bertelsmann Stiftung ein Positionspapier zur Arbeitsmarktreform heraus, das für ähnliche Reformen plädierte. Darin steht ein Satz, den ich immer noch nicht ganz verstanden habe: »Die Absicherung der Kinder ist vorrangig außerhalb dieses Leistungssystems zur Erwerbsintegration sicherzustellen.«[68] Ist eine Kindergrundsicherung gemeint? Geht es um Sachleistungen? Ich denke, so genau wussten die Autoren des Papiers das selbst nicht. Dass Arbeitslose nicht nur potenzielle Arbeiterinnen waren, sondern auch Eltern, Angehörige, Menschen mit Gefühlen und Gedanken, das ging im Diskurs um ihre Verwertbarkeit fast vollständig unter. Dann wieder Kiel, 2002: Das Institut für Weltwirtschaft (das übrigens zu hundert Prozent aus Steuermitteln finanziert wird) veröffentlichte unter dem Namen des damaligen Vorsitzenden Horst Siebert »75 Punkte gegen die Arbeitslosigkeit«[69] – ein Papier, das die Angst vor der Arbeitslosigkeit in Deutschland nutzte, um allerlei Repressionen vorzuschlagen.

Punkt 26: »Große Risiken nehmen wir den Menschen ab, kleine Risiken tragen diese selbst.« Damit ist unter anderem der mehrtägige Lohnausfall bei Krankheit gemeint, den der Arbeitgeberpräsident Klaus Murmann schon 1994 gefordert hatte.

Punkt 63: Die Politik definiere durch die Sozialhilfe »ein Einkommen bei Nicht-Arbeit« – ein Problem, denn »je höher das Einkommen aus Nicht-Arbeit, desto höher die Tariflöhne für untere Lohngruppen, umso höher ist dort die Arbeitslosigkeit«. Denkt man das weiter, bedeutet es, dass sich auf die unteren Lohngruppen einfach verzichten lässt. Ihre Arbeit ist *egal*. Denn wenn man sie wirklich brauchte, würde man ja alles daransetzen, sie auch zu bekommen, zum Beispiel durch höhere Löhne.

Punkt 65: Sanktionen solle man »verstärkt anwenden«, die Regelsätze außerdem senken.

Punkt 75: »Es mag einem das Herz brechen, aber auch der Arbeitsmarkt ist ein Markt.«

Eher als Marketing-Instrument hatte Gerhard Schröder die Hartz-Kommission eingesetzt, unter Leitung von Peter Hartz, besetzt mit verschiedenen Vertretern aus Gewerkschaften und Arbeit*nehmenden*. Durch den Namen »Hartz IV« hat man heute den Eindruck, diese Kommission hätte die Hartz-Gesetze erst entwickelt – aber tatsächlich formulierte sie eher Ideen. Am 16. August 2002 präsentierte die Hartz-Kommission ihren Abschlussbericht im Berliner Dom. Es muss fast eine sakrale Stimmung gewesen sein. In der Hartz-Kommission, so hört man es aus verschiedenen Quellen, hatten Unternehmensberater relativ viel zu sagen, und so klangen ja auch die Ergebnisse: Von »Ich-AGs« war zum ersten Mal die Rede, eine »familienfreundliche Quick-Vermittlung« wurde genauso vorgeschlagen wie eine »Signaturkarte«, »Kompetenz-Centren« sollte es statt der Landesarbeitsämter geben und sogenannte »Job-Floater«, womit Bankdarlehen für Firmen gemeint waren, die Arbeitslose einstellen. Peter Hartz sagte damals, er leite eine »Gestaltungskommission«, keine Kürzungskommission. Und tatsächlich enthielten die Vorschläge der Hartz-Kommission keine Sanktionen, keine Leistungskürzungen. Auch deshalb kann ich verstehen, warum es Peter Hartz heute mies damit geht, dass das Gesetz unter seinem Namen in die Geschichte eingegangen ist.

Im Wahlkampf 2002 sagte die schleswig-holsteinische SPD-Ministerpräsidentin Heide Simonis, dass Steuererhöhungen nicht mehr tabu sein dürften. Sie wurde von den mächtigen

Männern der Partei zurückgepfiffen: Schröder, Finanzminister Eichel und Franz Müntefering versprachen, dass es auf gar keinen Fall Steuererhöhungen nach der Wahl geben würde. Völlig ausgeschlossen.

Am 22. September 2002 gewann Gerhard Schröder mit nur 6000 Stimmen Vorsprung die Bundestagswahl. In meiner Heimatstadt wählten ihn knapp mehr als 50 Prozent. Eine seiner ersten Amtshandlungen war es, die Ministerien für Wirtschaft und für Arbeit zusammenzulegen: Minister für Wirtschaft *und* Arbeit wurde Wolfgang Clement. Dahinter steckte natürlich eine Ideologie: dass der Markt nämlich, wenn man ihn nur ließe, alle Menschen mit Arbeit und Auskommen versorgen würde. Als Clement sein neues Amt antrat, musste er zuerst von einem anderen zurücktreten; er war »Botschafter« der »Initiative Neue Soziale Marktwirtschaft« gewesen, also jener Organisation, die von Arbeit*nehmenden* und Industrie gegründet worden war, um die Wirtschaft zu liberalisieren.

Im November 2002 beschloss die rot-grüne Koalition die Erhöhung der Tabaksteuer, die Umsatzsteuer auf Flugreisen, eine Mehrwertsteuererhöhung und noch zig andere kleine Steuererhöhungen. Die *Bild* nannte es eine »Vampirliste«, der *Stern* titelte: »So ist der Wähler bislang noch nicht hinters Licht geführt worden«. Da es im Bundesrat mehr CDU-Minister als SPD-Minister gab, stoppte die Union vier der fünf Steuererhöhungsgesetze.

Am 2. Dezember erschien das Album *Der Kanzler singt* des Schröder-Imitators Elmar Brandt. Darauf ist auch der »Steuersong«, den ein paar Wochen später das ganze Land mitsingen konnte, auch die Kinder in meiner Klasse und ich. *Ich erhöh euch die Steuern / Gewählt ist gewählt, ihr könnt mich jetzt nicht mehr feuern / Das ist ja das Geile an der Demokratie.* Es wurde zum Volkssport, Politiker als Lügner zu bezeichnen und sich über Schröder lustig zu machen. Er wurde zur Karikatur seiner selbst, die ganze SPD wurde blass neben ihm, die Grünen genauso. Wenn es um Politik ging, dann ging es um den Kanzler, und wenn es um den Kanzler ging, dann ging es um seine Lügen. Die SPD wusste natürlich, dass ihr das nicht guttat. Aber Schröder schien unverzichtbar: ein Anführer, ein großer, charismatischer Mann, eigentlich auch beliebt bei den Leuten. Es ist ironisch, aber Politsatire macht Politiker nicht unmöglich oder ohnmächtig – sie macht sie oft sogar mächtiger und unverzichtbarer innerhalb ihrer Parteien. Worüber man lacht, daran erinnert man sich. Schröder war einer geworden, den alle kannten. Es gab keinen Zweiten. Und jetzt musste er dem Volk zeigen, dass er sich kümmert.

Die Neunzigerjahre waren vergleichsweise unbeschwert gewesen, die Nullerjahre hatten mit ernsten Problemen begonnen. Am letzten Tag des Jahres 2002 schrieb Holger Gertz in der *Süddeutschen Zeitung* einen Text mit der Überschrift: »Das Jahr, das den Optimismus fortspülte«. Es ging um den Amoklauf in einer Schule in Erfurt, um die Wirtschaft, um die Flut im Spätsommer. Er zitierte eine Studie des Soziologen Wilhelm Heitmeyer, der zufolge mehr als 50 Prozent der Deutschen fanden, alles sei in Unordnung geraten. Zwei Drittel sagten, die wirtschaftliche Lage sei schlecht. Mehr als 70 Prozent beurteilten ihre sozialen Beziehungen als zunehmend instabil. Gertz schrieb: »Und wer ohnmächtig ist, ohne das Bewusstsein verloren zu haben, der hat Angst, oder?«[70] Und die Angst war nicht unberechtigt: Im Februar 2003 waren 90 Prozent der Städte Nordrhein-Westfalens nicht mehr fähig, ihre regulären Ausgaben aus ihren Einnahmen zu decken.[71] Die Lage war ernst, Schröder war unbeliebt. Es lag ihm viel daran, beides zu ändern.

In der Unterstufe gewann ich mit zwei Freundinnen einen Schreibwettbewerb, ausgerichtet von der Stadt. Das Thema war Lügengeschichten: Wir schrieben, glaube ich, über einen Elefanten, der in einem Porzellanladen arbeitete, so ganz sicher bin ich mir nicht. In der Aula eines städtischen Gymnasiums überreichte uns der Bürgermeister die Urkunde und schüttelte unsere Hände, es wurde ein Foto gemacht, auf dem ich mich hässlich fand. Es hing danach noch jahrelang im Flur unserer Schule. Jede von uns bekam einen Gutschein für die Buchhandlung.

Am 14. März 2003 gab der Kanzler im Bundestag so etwas wie eine verspätete Regierungserklärung ab. Ein Versuch, den Steuersong zu übertönen, der allen in den Ohren klang. »Mut zum Frieden und zur Veränderung« hieß die Rede. »Wir werden Leistungen des Staates kürzen, Eigenverantwortung fördern und mehr Eigenleistung abfordern«, sagte Schröder, im Protokoll ist vermerkt, dass ein Abgeordneter der FPD daraufhin Beifall klatschte.[72] Schröder sprach über den Irak, die Gemeindefinanzreform, erst dann über die Sozialhilfe. Man müsse sich fragen: »Sind die sozialen Hilfen wirklich Hilfen für die, die sie brauchen?« Ein Abgeordneter von der CDU rief: »Sehr wahr.«

Das Narrativ vom faulen, unwilligen Arbeitslosen hatte sich durchgesetzt. Und im Moment der Angst fand Schröder einen Sündenbock: die Sozialschmarotzer. Die, die sich nicht beteiligten und den anderen das Geld wegnahmen. Indem er sie maßregelte, wollte er den Rest der Bevölkerung beruhigen.

Die damalige CDU-Vorsitzende Angela Merkel war die Erste, die Schröder auf seine Rede antwortete. Sie sagte: »Es ist mir auch heute nicht ganz klar geworden, wer eigentlich aus der Krise herausgeführt werden soll: Sie, Herr Bundeskanzler, oder das Land.« Merkel meinte, es bräuchte keine Agenda, sondern mehr Forschung, mehr Investitionen, um den Wirtschaftsstandort zu professionalisieren und zu stärken. Sie sagte an diesem Tag im Bundestag auch, dass die Spaltung der Gesellschaft in Arbeitende und Arbeitslose und deren Überwindung die »entscheidende soziale Frage unserer Gesellschaft« sei. Wie sie diese Spaltung überwinden wollte, wird in der Rede nicht klar.

Als einen Monat später mehrere SPD-Linke in einem Mitgliederbegehren die Rücknahme der Agenda 2010 forderten, drohte Schröder mit Rücktritt.[73] Und da es niemanden gab, der auf ihn folgen konnte, da er unverzichtbar geworden war, wollte die SPD diesen Schritt unbedingt verhindern. Fragt man Genossen von damals, wieso sie Schröder nicht einfach gehen ließen, haben alle für ein paar Sekunden den gleichen Blick: Sie schauen verträumt geradeaus, ein bisschen lächelnd, ein bisschen enttäuscht, dann drücken sie die Lippen aufeinander, als würden sie ihren damaligen Ichs eine Absolution erteilen. Das war undenkbar, sagen sie dann.

Am ersten Juniwochenende 2003 fand ein SPD-Sonderparteitag zur Agenda 2010 statt.[74] Der Ortsverband Köln-Zollstock nannte Schröder einen »mutigen und zupackenden Bundeskanzler«, das habe sich nicht nur bei der Flutkatastrophe und in der Frage des Irakkrieges gezeigt, sondern »auch in der eingeschlagenen Reformpolitik«. Aus dem Ortsverband Düsseldorf-Tannenhof erhoben sich andere Stimmen: Es könne nicht sein, dass ein 50-Jähriger, der sein ganzes Leben gearbeitet hat, nach 12 Monaten in Sozialhilfe »abgeschoben wird«. Es sei nicht verwunderlich, dass die Agenda »Rückendeckung von Seiten der Arbeitgeber« bekäme. Die Jusos forderten eine Veränderung der Agenda, sie lehnten die Absenkung der Transferleistungen ab, sie wollten, dass das Hartz-Konzept mit seinen neumodischen Worten und Konzepten, die Ergebnisse der Gestaltungskommission also, ein größerer Teil der Reformen wird. Viele linkere Ortsverbände forderten die Wiedereinführung der Vermögenssteuer, das tun sie heute noch. Keine Stimme jedoch kritisierte Schröder selbst. Am Ende war nichts wirklich wichtig, was gesagt wurde, denn es ging nicht um das politische Programm, sondern darum, denjenigen im Amt zu halten, der sein Gesicht für das Programm hingehalten hatte. Die *taz* titelte: »Schröder besiegt die SPD«.

Im September 2003 legten die Regierungsparteien SPD und Grüne den ersten Gesetzesentwurf für »Moderne Dienstleistungen am Arbeitsmarkt« vor. Dieser enthielt bereits zynische Elemente. So stand dort etwa, man wolle Anstrengungen unternehmen, um Armut von Kindern zu »vermindern« – nicht etwa, um sie zu *verhindern*. Zahlungen an Kinder sollten »auf Arbeitslosengeld II abgestimmt« sein und »dessen Arbeitsanreize« verstärken, so steht es da wirklich. Indem man also den Kindern nicht zu viel Geld zahlte, sollten die Eltern noch dringlicher aufgefordert werden, sich einen Job zu suchen. Der Kinderzuschlag sei »als Einkommen dem jeweiligen Kind zuzurechnen. Das gilt auch für das Kindergeld«. Es war ein Gesetz voller Suppressionen, voller Ideen, wie man Arbeitslosen das Leben ohne Arbeit möglichst schwer machen könnte.

Die Regierungskoalition aus SPD und Grünen befand sich nun bei der Durchsetzung ihrer Politik in der gleichen Situation wie die CDU/FDP-Regierung zu Beginn der Neunzigerjahre: Sie hatte zwar bei der Bundestagswahl eine Mehrheit erreicht, doch die CDU/CSU stellte die Mehrheit im Bundesrat und hatte deshalb die Macht, wichtige Gesetzesinitiativen zu blockieren – und aus der Macht, zu blockieren, ergibt sich die Macht, mitzugestalten. Der Ort dafür ist der Vermittlungsausschuss, in dem sich beide Seiten treffen, um sich zu einigen.

Der Herbst 2003 war mein erster Herbst als Gymnasiastin. Ich war jünger als die anderen Kinder, weil ich ja ein Kindergartenjahr übersprungen hatte. Ich war albern und laut. Die anderen schrieben sich Liebesbriefe und lasen »Mädchenbücher«, ich spielte nachmittags Spiele und verstand die Aufregung nicht. Die anderen wurden vor mir erwachsen. Ich merkte auch nicht, wie weiß meine Schulklasse auf einmal geworden war, wie sehr sich der Anteil der bio-deutschen Kinder im Vergleich zur Grundschule erhöht hatte. Und dass es auf einmal um Kleidung ging, um Markennamen, um Schminke. Ich blieb erst mal ein Kind.

Weder die Hartz-Kommission noch die Bertelsmann Stiftung haben die Agenda 2010 geschrieben. Das Schreiben von Gesetzestexten übernehmen Angestellte in Ministerien, sie sammeln Fakten und Wünsche, sie werden sich mit Sicherheit auch die Empfehlungen der Hartz-Kommission und der Bertelsmann Stiftung angesehen haben – aus alldem stricken sie dann Texte, über die noch einmal verhandelt werden kann. Die Agenda 2010 bestand aus vier Gesetzen, Hartz I, II, III und IV. Nicht in allen diesen Gesetzen ging es um die Situation der Arbeitslosen. Hartz I etwa enthielt Regelungen zu Zeitarbeitsfirmen und zur Flexibilisierung der Arbeit, Hartz II regelte Minijobs und Ich-AGs. Hartz I und II waren bereits fertig verhandelt, als am 5. November 2003 der Vermittlungsausschuss unter dem Vorsitz von Henning Scherf (SPD) zusammenkam, um über Hartz III und Hartz IV zu sprechen. CDU und FDP wussten natürlich, wie wichtig die Reformgesetze für die Regierung waren. Sie wussten, dass Schröder bei seiner Rede am 14. März Versprechungen gemacht hatte, die ihnen die Möglichkeit gaben, Druck auf die Regierung auszuüben. Als es um die Reformen am Arbeitsmarkt ging, sagte Scherf: »Ich kann vor Weihnachten nur nach Hause kommen, wenn wir etwas zustande gebracht haben, sonst schäme ich mich, und Sie sich auch.« Volker Kauder warnte im Namen der CDU davor, bei jedem einzelnen Teil der Reformen mitreden zu wollen, der Kanzler habe schließlich ein »Angebot zur Zusammenarbeit gemacht«.

Es klingt abgedroschen, aber es waren wirklich andere Zeiten damals. Zeiten, in denen fast keine Frauen in solchen Gremien saßen und in den Sitzungen noch geraucht werden durfte, es aber keine iPhones gab, mit denen man während der Sitzung hätte Mails schreiben können. Zeiten, in denen mächtige Männer die Sachen unter sich regelten. Es galt der Leitspruch von Helmut Schmidt: Besser fünf Prozent Inflation als fünf Prozent Arbeitslosigkeit. Die Menschen in diesem Vermittlungsausschuss waren während oder nach dem Zweiten Weltkrieg geboren worden. Arbeit bedeutete für sie Aufbau – und ein freier Markt tatsächlich die Freiheit des Einzelnen. Die Hartz-Gesetze sind ein Produkt der Ideologie jener Zeit, der Angst vor den Sozialschmarotzern und der Angst älterer Herren vor dem Machtverlust. Sie sind das Produkt von politischer Intransparenz und einer zerstörerischen Lust an symbolischen Machtspielen, die an die Stelle konstruktiver Auseinandersetzung traten. Ein Glück, sagte Christian Wulff damals, »dass diese Beratungen 30 Jahre geheim gehalten werden müssen«, da so viel »dummes Zeug hier geäußert« werde. Es waren dann nicht 30 Jahre Geheimhaltung, sondern nur acht.

Bei der nächsten Sitzung des Vermittlungsausschusses am 13. November stellte der Minister für Wirtschaft und Arbeit Wolfgang Clement sein bisheriges Hartz-Konzept vor: Er sprach von Zuschlägen und Anreizen zur Arbeitsaufnahme, von »erheblichen Sanktionen« und der Befristung des Arbeitslosengeldes.[75] Der Ausschuss gründet daraufhin zwei Arbeitsgruppen: Die eine hieß »Arbeit und Wirtschaft«, die andere »Steuern«.

Das Versprechen, das für den Erhalt von Gerhard Schröders Macht am wichtigsten war, war das Vorziehen der Steuerreform von 2005 auf das Jahr 2004. Es ging nur um kleine prozentuale Steuersenkungen, aber er musste sie unbedingt durchsetzen, um zu zeigen, dass er nicht der Steuererhöhungskanzler war, sondern dass er Lösungen finden konnte. CDU und FDP hatten also einen Hebel, um alles durchzusetzen, was sie haben wollten. Volker Kauder sagte erwartungsgemäß, das Vorziehen der Steuerreform könne es nur geben, »wenn wir durchgreifende Reformen am Arbeitsmarkt bekommen«. Er spielte damit darauf an, dass der Kanzler in seiner Rede vom 14. März mehr versprochen hatte, als die Linken in seiner Partei eigentlich ertragen konnten.

Anfang Dezember 2003 ging es immer stärker um die Finanzierung von Hartz IV. Vereinfacht gesagt: Die Regierung wollte, dass eine zentrale Stelle zuständig ist, die CDU hingegen wollte, was Roland Koch schon seit Jahren vorschlug, nämlich dass sich die Kommunen selbst um ihre Arbeitslosen kümmern. Aus den Protokollen der Sitzungen geht immer wieder hervor, dass sich alle bewusst waren, dass es in diesem Ausschuss keine Einigung geben würde. »Ein solches Verfahren werden wir so schnell nicht mehr erleben. Es hat insofern auch Erlebnischarakter«, sagt einer. Als Reaktion der anderen ist im Protokoll vermerkt: »(Heiterkeit)«. Ein paar Minuten später berichtet Gudrun Schaich-Walch aus einer der Arbeitsgruppen am 10. Dezember, sie hätten sich bei den Zahlungen an Kinder zu einer Umverteilung entschlossen, »zu Gunsten kleiner Kinder, zu Lasten etwas größerer Kinder. Fachleute sagen, diese Gruppe sei bislang zu gut bewertet worden«.[76]

Ich war nicht gemeint. Das muss ich mir immer wieder sagen. Diese Leute kannten mich nicht. Sie hatten ihre eigenen Probleme, ihre eigenen Familien, sie hatten eine Aufgabe,

Zwänge, Interessen. Sie standen auf einem Schachfeld, auf dem sich manche besser und manche schlechter bewegen konnten. Ich glaube nicht daran, dass Politiker nur der Macht wegen in die Politik gehen. Die meisten, davon bin ich überzeugt, wollen die Welt tatsächlich verbessern. Aber man vergisst das schnell: dass jede Entscheidung Menschen betrifft, die man nicht sieht und nicht hört und nicht bedenkt. Wahrscheinlich muss man es sogar vergessen, um einigermaßen handlungsfähig zu bleiben. Und in einer dem Wesen nach antagonistischen Konstellation wie dem Vermittlungsausschuss kommt doch auch immer wieder eine brüderliche Stimmung auf. So auch an diesem Dezembertag, zur Feierabendzeit, ab 18.15 Uhr: Die angespannte Stimmung kippt in ein gemeinsames Ideensammeln dazu, wie sich Menschen ohne Arbeit schikanieren lassen. Welche Repressalien und Mittel es also bräuchte, um einen Niedriglohnsektor in Deutschland zu erschaffen, der Arbeitslose zwingt, einen Job anzunehmen.

Georg Milbradt (CDU) möchte etwa ein tschechisches Lohnniveau in Sachsen erreichen, indem Betriebe nur einen Euro pro Stunde für die Arbeit zahlen müssen, denn den Rest des niedrigen Lohns übernimmt der Staat – knapp über dem Hartz-IV-Niveau. Ludwig Stiegler (SPD) sagt daraufhin, die Vorschläge der CDU zur Schaffung eines Niedriglohnsektors seien nicht so weit entfernt von denen der SPD, nur »dass Sie es plakativ und hart machen, während es bei uns eher versteckt ist, in der Wirkung aber nicht anders«. Stiegler betont, dass die Arbeitslosen sowieso keine Wahl hätten, ob sie Jobs annehmen oder nicht – schließlich ständen sie sehr »unter Druck«: Ihnen würde ja 30 Prozent des Arbeitslosengeldes gestrichen, wenn sie sich weigerten. Sein Parteikollege Klaus Brandner ruft daraufhin korrigierend hinein, dass die Jugendlichen sogar noch stärker unter Druck stünden, weil man ihnen das gesamte Geld streichen könne. Stiegler ergänzt: sogar die Sachleistungen! Als wären sie stolz darauf, dass sie durch Erpressung von Sozialleistungsempfängern faktisch einen Mindestlohn von einem Euro eingeführt haben, ganz ohne es jemandem eindeutig zu sagen.

Die abschließenden Sitzungen des Vermittlungsausschusses ließen sich auch als Polit-Theaterstück aufführen. Die Besetzung wird von Tag zu Tag prominenter, die Debatten werden immer mehr zur Show und immer länger. Finanzminister Eichel nimmt am 11. Dezember erstmals teil[77] und verkündet, man könne sich »beim Subventionsabbau weiter bewegen als bisher angekündigt«, was die CDU allerdings nicht zufriedenstellt. Man streitet sich sehr technisch und sehr lange darüber, wie die SPD ihre geplante Steuersenkung im Jahr 2004 finanzieren will, die CDU verlangt einen Vorschlag, bei dem keine Schulden gemacht werden müssen, die SPD sagt, die Frage nach der Steuersenkung sei die Frage nach der »Funktionsfähigkeit der Politik«. Dann blitzt ganz kurz eine Perspektive auf, die in der Debatte kaum vorkam bis dahin, ausgerechnet Wolfgang Clement ist es, der sagt: »Wir nehmen zurzeit vielen Menschen ziemlich viel Geld weg.« Georg Milbradt (CDU) übergeht diesen Anflug von Menschlichkeit: »Der Bundeskanzler setzt sich selbst unter Zugzwang und sagt, es sei unsere nationale Pflicht, ihn dort wieder herauszuholen.« Der Tag endet mit einem Streit darüber, ob Drehtabak höher besteuert werden sollte als Zigarren.

Überraschend kann man es finden, dass die großen Fragen im Vermittlungsausschuss nicht die Höhe des Arbeitslosengeldes betrafen, nicht die Frage der Sanktionen, der Kinder, der Anrechnung von Vermögen. Die erste große Frage war stattdessen: Wie werden die Steuersenkungen finanziert? Und die zweite: Sind die Kommunen oder der Bund für Arbeitslose zuständig?

Fragen nach Gerechtigkeit und dem Leid der Individuen wurden vor allem deshalb nicht gestellt, weil man sie für gestrig hielt. Alles, was den Markt freier machte und den Unternehmern zugutekam, nannte sich »modern«, weil man daran glaubte, dass es Unternehmen nur gut genug gehen müsse, damit alles funktioniere. Alles, was Arbeitern Sicherheit, Planbarkeit und Schutz geben sollte, hielt man für rückständig. Kommunikationsstrategisch war das genial, denn man schlug die Beschützer der Arbeiterinnen mit ihren eigenen Waffen: Linke Politik hatte immer bedeutet, progressiv zu denken, voranzugehen – und plötzlich bedeutete Linkssein das Beharren. Wer links war, wollte, dass der Arbeitsmarkt so blieb, wie er war. Wer links war, sträubte sich gegen die Veränderung. Gegen das, was als modern galt.

Am Sonntag, dem 14. Dezember, 17 Uhr, ist endlich der Kanzler anwesend. Außerdem Angela Merkel, Guido Westerwelle, Franz Müntefering. »Alle erwarten eine große politische Verständigung«, sagt der Vorsitzende Henning Scherf, der ja schon zu Beginn des Verfahrens darauf gedrängt hatte, vor Weihnachten fertig zu werden.

Schröder legt auf den Tisch, was er der Opposition anbieten kann: Die Steuersenkungen will er zu 75 Prozent finanzieren, indem er staatliche Anteile an Flughäfen und an der Telekom verkauft. Darüber hätte er bis jetzt nicht offen reden können, da mit »einer Reaktion der Märkte« zu rechnen gewesen wäre. Was die Verwaltung der Arbeitslosen angeht, schlägt er einen Mittelweg vor: Die Verwaltung solle grundsätzlich bei der Bundesagentur für Arbeit liegen, aber Kommunen könnten die Verantwortung auf die lokale Ebene ziehen, wenn sie das wollten. Und dann setzt Schröder zu einem Statement an, das im Rückblick beschreibt, wie er durch sein letztes Jahr als Kanzler gegangen ist: Er opferte für den eigenen Machterhalt unter Druck selbst die Dinge, die er nie hatte opfern wollen. »Wer einmal mitbekommen hat, was es bedeutet, befristet beschäftigt zu sein und in den ersten zwei, drei oder sechs Monaten nicht zu wissen, ob die Befristung verlängert wird, das sage ich aus persönlichen Erfahrungen in meiner Familie – der weiß, dass wir (...) sehr aufpassen müssen, dass neben der Forderung nach Flexibilität das Schutzinteresse der Menschen (...) nicht außerhalb der Betrachtung gelassen wird.« Da spricht der Gerhard Schröder, dessen Mutter, eine zweifache Witwe, den Unterhalt für ihre Kinder als Dienstmädchen und Putzfrau verdiente. Ein Mann, dem Geldsorgen nicht unbekannt waren. Und der nun, als inzwischen fast 60-jähriger Mann, als ein von der Angst vor Machtverlust getriebener Politiker zur Opposition sagt: »Wir sind dennoch bereit, über das hinauszugehen, was wir beschlossen haben.« Ein Angebot, den Schutz für Arbeiterinnen weiter aufzuweichen.

Angela Merkel antwortet, dass ihr Schröders Angebot nicht ausreicht. Dass es um den Niedriglohnsektor gehen müsse, der ausgebaut werden solle, nicht nur um die Steuersenkungen. Edmund Stoiber will ebenfalls, dass mies bezahlte Arbeit unbedingt in Deutschland bleibt, und sagt über ein Gespräch mit dem damaligen CEO von Siemens: »Es ist bemerkenswert, welche Arbeitsplätze unser gemeinsamer Freund Herr von Pierer mit welcher Begründung verlagert.«[78] Und Guido Westerwelle fügt hinzu: »Es ist immer besser, Arbeit zu haben, selbst wenn sie von Sozialhilfe begleitet wird, als in Abhängigkeit von Sozialhilfe zu leben.« Logisch betrachtet, ergibt das natürlich keinen Sinn, denn wer Sozialhilfe bekommt, der ist abhängig davon, ob er nun arbeitet oder nicht – aber all diese Blockaden der Opposition setzen Schröder trotzdem unter Druck. Um 19.22 Uhr schickt der Vorsitzende Henning Scherf die Streitenden zum Essen in den Raum 2.051, danach soll es eine kleine Entscheider-Runde geben, in der nur Parteivorsitzende sitzen. Erst um 3.22 Uhr am 15. Dezember, mitten in der Nacht also, wird die Sitzung weitergeführt. Scherf bittet die Verhandlungsführer um einen Ergebnisbericht und darum, »dass Sie dann gemeinsam vor die Presse gehen, damit das von den Journalisten auch kapiert wird«. Schröder beginnt: »Ich hoffe, ich bekomme es einigermaßen voreinander.«

Er hat seine Steuersenkungen bekommen, wenn auch etwas weniger. Die Klausel bei Hartz IV, nach der die Kommunen sich die Verantwortung für ihre Langzeitarbeitslosen holen dürfen, ist beschlossen. Die Kündigungsfristen wurden noch einmal verlängert. Und die Regierung will gemeinsam mit den Ländern eine Arbeitsgruppe gründen, die schaut, wo sich bei der Jugendhilfe Geld einsparen lässt.

Danach beschließt der Vermittlungsausschuss innerhalb von ein paar Minuten noch die Tabaksteuer und die Handwerksordnung – mit Zurufen wie auf einem Basar.

Im Januar 2005 bin ich elf Jahre alt und bekomme nun den gleichen Hartz-IV-Satz wie ein Säugling, nämlich 207 Euro. Die Staffelung der Altersgruppen, die es vorher gegeben hat, ist abgeschafft. 2,27 Euro pro Tag sind vorgesehen für Essen und Trinken. Wolfgang Clement veröffentlicht im »Bundesarbeitsblatt« einen Text, in dem es heißt: »Wir haben unsere Reform unter hohem Zeitdruck und mit großem Tempo auf den Weg gebracht.« Die Agenda sei gerecht, »denn es gibt nichts Ungerechteres als unfreiwillige Arbeitslosigkeit«. Einen Monat später gibt das Kieler Institut für Weltwirtschaft, das jahrelang für Arbeitsmarktreformen lobbyiert hat, eine Studie heraus, in der es um Arbeitsanreize der Agenda 2010 auf dem deutschen Arbeitsmarkt geht. Die Schlussfolgerung: Wahrscheinlich wird alles keine signifikanten Auswirkungen auf den Arbeitsmarkt haben. Und im Mai des gleichen Jahres verliert die SPD die Wahl in Nordrhein-Westfalen. Eine Strafe für die Agenda 2010. Schröder entscheidet, dass es Neuwahlen geben soll. Er weiß, dass er Vertrauen verloren hat. Im September 2005 verliert er die Wahl. Allerdings knapp, einen Prozentpunkt hinter der CDU, sodass er am Wahlabend im Fernsehen noch davon überzeugt ist, die Regierung stellen zu können.

Im Juni 2006 veröffentlicht der Ombudsrat, der die Einführung des neuen Arbeitslosengelds überwachen sollte, seinen Abschlussbericht. Der Rat kritisiert, dass es nicht genug öffentliche Beschäftigungsgelegenheiten gebe. Dass die Bescheide zu schwer verständlich seien. Dass »für einen großen Teil der Langzeitarbeitslosen auch bei Besserung der Lage auf dem Arbeitsmarkt eine Rückkehr in den ersten Arbeitsmarkt in absehbarer Zeit nicht realistisch« sei. Und dass die Software, die die Bundesagentur für Arbeit nutzte, keine Funktion habe, mit der man Sanktionen durchführen könne.

Im Jahr 2007 werden die Hartz-IV-Sätze zum ersten Mal erhöht. Ich falle mit 13 Jahren immer noch in die unterste Kohorte und bekomme nun für Essen und Trinken statt 2,27 Euro pro Tag einen Cent mehr: 2,28 Euro. Der Chef der Bundesagentur für Arbeit sagt gegenüber der dpa, dass er sehr zufrieden mit den Reformen sei. Der Übergang zum Fördern und Fordern sei gelungen.[79]

AUS ZWEIFEL WUT, AUS WUT VISIONEN

Wie man es besser machen könnte

Kapitalismus ist kein Naturgesetz. Er tut nur so. Und spätestens seit das Coronavirus die gesamte Welt lahmgelegt hat, zeigt sich ziemlich deutlich, dass der freie Markt sich mit der Rettung von Menschenleben nicht verträgt – denn gäbe es nicht einen Staat, der eingreift, der Arbeitsplätze sichert und Firmen Kredite gewährt, dann hätten wir wahrscheinlich durch das Virus nicht nur die höchste Arbeitslosigkeit erreicht, die die Bundesrepublik je gesehen hat, sondern auch eine humanitäre Krise. Es ist gut, dass es einen Staat gibt, der Entscheidungen trifft. Es ist gut, wenn dieser Staat seine Bevölkerung durch diese Entscheidungen schützt, anstatt sie dem Markt auszuliefern. Das Coronavirus hat gezeigt, dass der Kapitalismus die Schwächsten leidend zurücklässt: Die Mitarbeiter in der Gastronomie, im Einzelhandel verlieren ihre Jobs und müssen in kleinen Hinterhauswohnungen darauf warten, dass ihre Situation sich verbessert. Während diejenigen, die bereits sicher waren, die Eigentum oder Vermögen haben, trotz der Krise weiterhin sicher sind: Hausbesitzer bekommen weiterhin Mietzahlungen, die meisten besser bezahlten Bürojobs lassen sich vom geräumigen Wohnzimmer aus erledigen. Die Schere zwischen Arm und Reich ist heute in Europa so weit geöffnet wie seit hundert Jahren nicht mehr – also vor Einführung des Systems der sozialen Marktwirtschaft. In Krisenzeiten liegen die Karten auf dem Tisch, alle Ungleichheiten werden plötzlich offensichtlich.

Das Coronavirus ist ein Zufall, an dem niemand die Schuld trägt. Viren sind natürlich, sie sind überall. Dass es zu einer globalen Pandemie werden konnte, ist eine Folge der Globalisierung. Und dass die Häufigkeit, mit der Epidemien auftreten, sich in den letzten Jahren erhöht hat, könnte manchen Annahmen zufolge eine Folge der Zerstörung der Natur und der Erderwärmung sein – Letztere sind wiederum Folgen des Kapitalismus. Dass manche Menschen an dem Virus sterben und manche es nicht einmal bemerken, ist ebenfalls ein Vorgang, der innerhalb von Körpern geregelt wird, der also auf Zufall und Natur beruht, aber genauso eine Folge des Kapitalismus ist. In den USA sind Schwarze anteilsmäßig häufiger gestorben als Weiße, weil Rassismus für wirtschaftliche Benachteiligung und Armut sorgt, woraus wiederum gesundheitliche Benachteiligung entsteht. Und die Menschen, die auf der ganzen Welt alles am Laufen halten, weil sie ihrer Arbeit wegen nicht zuhause bleiben können und deshalb ihre Gesundheit riskieren, sind vor allem Frauen – also diejenigen, die immer noch weniger verdienen. Durch die Pandemie sind Ungerechtigkeiten so wahnsinnig offensichtlich geworden, dass es fast grotesk ist, wie sie sich zuvor verbergen ließen.

Es ist also Zeit, daran zu zweifeln, ob das alles gut und richtig so ist, wie es ist. Aus dem Zweifel könnte Wut entstehen, und aus der Wut Visionen.

Politik kann die Gesellschaft durch zwei Arten von Maßnahmen verändern: *Affirmative* Maßnahmen bewegen sich innerhalb der Denkstrukturen des bestehenden Systems. Die »Inflationsbereinigung« von Hartz IV ist eine affirmative Maßnahme, genau wie die Erhöhung des Bafög-Satzes oder die Anhebung von Freibeträgen oder Leistungen aus dem Bildungs- und Teilhabepaket. Affirmative Maßnahmen sind nicht per se schädlich für diejenigen, die sie betreffen. Aber sie werden schädlich, wenn in der Gesellschaft der Eindruck entsteht, Arbeitslose und Studenten und Kinder bräuchten *immer mehr* Geld. Das erzeugt in der Mitte das Gefühl, die Welt würde »unten« immer gerechter, während sie in der Mitte einfach so bleibt, wie sie war. Auch wenn es nur um ein paar Euro geht. Affirmative Maßnahmen sind also gewissermaßen schlechtes Marketing für die Armen bei einem vergleichsweise geringen Effekt auf ihre Leben.[80]

Transformative Maßnahmen hingegen sind systemverändernd. Sie stellen Strukturen um, statt sie nur anzupassen. Und indem sie das tun, können sie auch Denkweisen verändern. Der Feminismus hat in seinen besten Momenten das System transformiert, indem er Frauen von Anhängseln zu Personen gemacht hat. Heute wäre es in unserer Gesellschaft undenkbar, einer Frau das Studieren zu verbieten oder das Wählen.

Bevor wir zu den transformativen Maßnahmen kommen, die eine Verbesserung herbeiführen könnten – und zwar nicht nur für die Arbeitslosen, sondern für alle –, müssen wir uns von zwei affirmativen Maßnahmen gedanklich verabschieden, die oft als Lösungen vorgebracht werden, in Wirklichkeit aber keine Lösungen sind: erstens dem Mythos von der alle gleich machenden und Chancen verteilenden Bildung; zweitens dem angeblich utopischen bedingungslosen Grundeinkommen.

Bildung ist nett; es ist schön, zu lernen, es kann Spaß machen, Dinge zu verstehen. Es kann sogar für einen kleinen Aufstieg sorgen, einen etwas besseren Abschluss zu machen. Aber obwohl sich das Bildungsniveau in Deutschland und in ganz Europa in den letzten Jahrzehnten deutlich erhöht hat, obwohl das Abitur inzwischen der »normale« Abschluss ist, während über die Abschaffung der Hauptschule diskutiert wird, ist die Ungleichheit dadurch nicht geschrumpft. Eher wurde das, was nun viele haben, nämlich das Abitur, entwertet. Und mit einem Real- oder gar Hauptschulabschluss hat man umso schlechtere Chancen auf einen Ausbildungsplatz, denn viele Betriebe stellen bevorzugt Abiturienten ein. Die Gesellschaft ist also insgesamt gebildeter geworden, formal jedenfalls, aber den Menschen am sogenannten unteren Rand hilft das nicht. Es macht den Kampf eher härter. Die viel zitierte »Chancengleichheit«, die man angeblich durch Bildung und die frühe staatliche Verwaltung von Kindern erreichen kann, ist Quatsch, solange man nicht die Lebensbedingungen der Kinder und ihrer Eltern verbessert. Ein Kind, dem weniger als vier Euro am Tag für seine Ernährung zur Verfügung stehen, wird aller Wahrscheinlichkeit nach später nicht Professor für Astrophysik. Ein Kind, das in einer kleinen Wohnung in einem Viertel wohnt, in dem es nicht alleine vor die Tür gehen darf, wird sich zuhause schlechter auf die Analyse von Barock-Balladen konzentrieren können als ein Kind, das in einem hellen, großen Zimmer mit Blick auf den Garten sitzt. Egal, ob diese Kinder gemeinsam in eine Klasse gehen, egal, ob sie vielleicht sogar befreundet sind: Sie haben nicht die gleichen Chancen. Im Gegenteil: Wenn wir bei ungleichen Lebensbedingungen von »Chancengleichheit« sprechen, dann bedeutet das erhöhte Anerkennung für diejenigen, die im Bildungssystem gewinnen.[81] Denn wir gehen ja in unserer sozialpolitischen Traumwelt davon aus, dass alle von der gleichen Startlinie starten – was die Gewinner zu den schnellsten und tollsten Schülern macht, ohne dass wir uns anschauen, unter welchen Voraussetzungen wer an den Start gegangen ist.

Von den jungen Leuten, mit denen ich Abitur gemacht habe, sind viele an der Hochschule gescheitert. Sie waren natürlich nicht alle die Kinder von Langzeitarbeitslosen, aber durchaus die Kinder von Menschen, die wissen, was Geldsorgen bedeuten und die auch schon mit Arbeitslosigkeit und Kurzarbeit zu tun hatten. Mit einer Freundin habe ich neulich darüber diskutiert, was bei diesen jungen Leuten anders war als bei uns. Wir gingen alles durch: Ob es an den Eltern lag, von denen manche kaum Deutsch sprachen, am zu niedrigen Bafög-Satz, an den habituellen Codes innerhalb der Hochschulen oder etwa daran, dass es dort zu wenig Hilfe für sie gegeben hätte? Die Hochschulen in Deutschland geben sich erwiesenermaßen Mühe, für ihre Studierenden da zu sein: Sie haben psychologische Beratungsstellen, engagierte Fachschaften, manchmal sogar Patenschaft-Systeme. Und die Ruhr-Universitäten in Dortmund, Bochum, Essen und Duisburg wurden ja extra errichtet, um den Kindern von Arbeitern das Studium zu ermöglichen. Woran liegt es also, dass so viele dieser Jugendlichen in der Schule gut sind – und dann an der Uni nicht?

Ich glaube, dass es vor allem das Gefühl von *entitlement* ist, das ihnen fehlt. Wer in einem Elternhaus aufwächst, in dem Geld und Einfluss und das Beanspruchen bestimmter Dienstleistungen zur Normalität gehören, der wird sich auch an der Hochschule *berechtigt* fühlen, Hilfe und Anleitung einzufordern. Wer dagegen mit dem Gefühl aufwächst, dass jede Forderung eine Forderung zu viel ist, jeder Wunsch zu groß, der wird an der Universität eher scheitern – aus Angst, nach Hilfe zu fragen, aus Angst, etwas falsch zu machen. Den Kindern von Menschen, die kaum Deutsch sprechen, fallen diese Dinge noch schwerer. Denn unter dem Anpassungsdruck der deutschen Mehrheitsgesellschaft haben ihre Eltern sich womöglich ein Leben lang geschämt – und ihren Kindern das Gefühl vermittelt, dass es gut sei, sich immer möglichst unauffällig zu verhalten. Bildung ist gut und wichtig – sie ist ein Grundrecht und muss gerecht verteilt sein. Aber Bildung allein sorgt nicht für Konvergenz – weder für eine Annäherung verschiedener

Lebensweisen noch für eine Annäherung unterschiedlicher Wohlstandsniveaus.

Als ich zum ersten Mal von der Idee eines bedingungslosen Grundeinkommens hörte, klang das nach Erlösung. Erlösung vom Stempel »Hartz-IV-Empfänger«, Erlösung von den Briefen des Amts, Erlösung von Sorgen. Die Vorstellung von 1000 Euro im Monat für jeden Erwachsenen erschien mir sehr großzügig. Das Wort »bedingungslos« machte mich glücklich, weil ich das Wort »bedürftig« so hassen gelernt hatte. Es war das schöne Versprechen einer besseren Welt.

Heute bin ich unsicher, ob das bedingungslose Grundeinkommen wirklich eine Lösung für irgendetwas sein kann. Die ersten Zweifel kamen mir, als ich ein Interview mit Richard David Precht las, in dem er die Ansicht vertrat, das Grundeinkommen solle es erst ab dem 21. Lebensjahr geben, außerdem solle das Kindergeld abgeschafft werden. Precht sagte: »Ich möchte nicht, dass jemand, der 1500 Euro Grundeinkommen hat und keine Perspektive auf einen Beruf, auf die Idee kommt, fünf Kinder zu kriegen.« Prechts Modell würde massive Armut für Kinder bedeuten, die in Großfamilien aufwachsen und deren Eltern nicht arbeiten. Tatsächlich würde es wahrscheinlich bedeuten, dass arbeitslose Frauen gar keine Kinder mehr bekommen oder sie nach der Geburt aus Geldmangel zur Adoption freigeben würden. In letzter Konsequenz ist es eine Forderung danach, dass sich der Bodensatz der Gesellschaft selbst ausrottet.

Und so interpretiert eben jeder das Grundeinkommen anders, es gibt Dutzende Modelle – jedes hat Schwachstellen, und jedes soll andere Probleme lösen. Manchen geht es eher um Kinderarmut, manchen um Selbstverwirklichung, manchen um die Reduzierung von Behörden. Auch das Coronavirus hat die Forderungen wieder laut werden lassen, da viele annahmen, das Grundeinkommen allein würde die Probleme von Menschen lösen, die während der Krise keine Gelegenheit finden, ihre Arbeitskraft zu verkaufen.

Manche hoffen auch, das Grundeinkommen könnte die Scham minimieren, die damit einhergeht, keinen Job zu haben: Weil es jeder bekäme, wäre es keine Schande mehr, darauf angewiesen zu sein. Niemand hätte mehr Angst vor der Arbeitslosigkeit, wenn sie nicht mehr Arbeitslosigkeit hieße, sondern Grundeinkommen – so weit die Idee. Es ist nur eine Idee, die nicht weit genug geht.

Wenn eines meiner Geschwister Geburtstag hatte und ein Geschenk bekam, dann haben wir anderen auch immer etwas Kleines bekommen – eine Süßigkeit, Kram aus dem 1-Euro-Shop, ein Stofftier. Damit wir nicht wütend auf das Kind wurden, das ein großes Geschenk bekam. Ich kann gut verstehen, warum meine Eltern das damals so geregelt haben. Sie wollten keine schlechte Stimmung an Geburtstagen. Aber eigentlich finde ich das Prinzip bescheuert: Kinder sollten lernen, dass es in Ordnung ist, wenn jemand aus guten Gründen mehr bekommt als sie. Vor allem, weil die Gerechtigkeit ja im Laufe des Jahres wiederhergestellt wird.

Das bedingungslose Grundeinkommen ist in manchen Ausprägungen nichts als eine Süßigkeit, mit der man der Mittelschicht schmackhaft machen will, dass Arbeitslose etwas mehr Geld bekommen – gepaart mit der Vereinfachung von Verwaltung. Mir wäre es deutlich lieber, wenn wir in einer Gesellschaft leben könnten, in der man sich für die Geschenke der anderen freuen kann, ohne dafür eine Süßigkeit zu erwarten. Und das ist letztendlich das Konzept des Sozialstaats: Weil der Markt Ungerechtigkeit produziert, wird Gerechtigkeit durch Umverteilung hergestellt. Das bedingungslose Grundeinkommen hat mit Umverteilung nichts zu tun, wenn alle es bekommen. Denn die Ungerechtigkeit ist gerade nicht gleich verteilt.

Es sollte einen stutzig machen, dass das Grundeinkommen hauptsächlich von Menschen gefordert wird, die sehr viel Geld haben. Ich glaube nicht mehr daran, dass sie es aus Selbstlosigkeit fordern – sondern weil es für sie praktisch wäre, die staatliche Einflussnahme auf den Arbeitsmarkt auf ein Minimum zu reduzieren. Würden sie dann Arbeitsplätze abbauen oder offshoren, könnte man das politisch kaum noch problematisieren. Denn die Leute haben ja ein Grundeinkommen, staatlich finanziert – und transnationale Konzerne würden es weiterhin schaffen, durch diverse Tricks so wenig Steuern wie möglich zu zahlen, um dieses Grundeinkommen nicht mitfinanzieren zu müssen. Das heißt, dass hauptsächlich die Mittelschicht das Grundeinkommen finanzieren würde, was auf lange Sicht sicher nicht zu mehr Solidarität, sondern zu Unmut gegenüber denjenigen führen würde, für die das Grundeinkommen immer wieder leicht erhöht werden müsste, weil es ihre einzige Einkommensquelle wäre.

Der Sozialwissenschaftler Albert Hirschman hat argumentiert, dass ein Grundeinkommen zwar *exit* ermöglichen würde, jedoch nicht *voice* – dass also Menschen ungeliebte Jobs verlassen könnten, weil sie weniger Angst vor dem finanziellen Abstieg haben müssten, dadurch aber noch keine Stimme hätten, keine Möglichkeit der Mitsprache. Sie wären Verwaltungsgegenstände, so wie es Arbeitslose schon heute sind – vielleicht weniger überwacht als Hartz-IV-Empfänger, aber trotzdem weit weg von denen, die arbeiten, ähnlich den Lepra-Kranken in den Aussonderungshäusern des Mittelalters. Diejenigen, die ausschließlich vom bedingungslosen Grundeinkommen leben würden, hätten keine kollektive Identität, keinen geteilten politischen Willen, es würde sich also im Vergleich zu Hartz IV nicht viel ändern. Denn dazu müsste zunächst ein kultureller Wandel stattfinden, der das Nichtstun, das Dasein ohne Beruf genauso schätzt wie den Gelderwerb. Einen solchen Wandel wird das Grundeinkommen nicht herbeiführen. Deshalb ist es schlicht eine Idee zur Vereinfachung der Verwaltung der Armen.

Es gibt so viele Probleme, die die Welt gemeinsam lösen muss. Kriege, Epidemien, den Klimawandel. Wichtig ist es, all diese Probleme einmal von unten zu betrachten – um sich darüber bewusst zu werden, inwiefern ihre herkömmliche Bekämpfung den Armen schaden könnte oder sie ausschließt.

Was den Klimawandel angeht, beobachte ich eine Entwicklung mit Erstaunen und leichter Furcht: die Verherrlichung des Verzichts. Verzicht auf Fleisch, Verzicht auf Reisen, Verzicht auf Erdbeeren im Februar.

Bevor ich zuhause auszog, mit einem Stipendium, das mir finanzielle Sicherheit gab, war alles Verzicht. Wenn ich mit Freundinnen essen ging, trank ich nichts oder das Billigste auf der Karte. Überhaupt trank ich keinen Alkohol, ich fand das irgendwie cool, *indie*, so eine selbstgewählte Abstinenz inmitten von anderen 16-Jährigen, denen außer Trinken nicht viel einfiel. Ich verzichtete auf die Abi-Reise nach Spanien, ich verzichtete auf neue Kleidung. Meine Familie verzichtete auf ein Auto, auf Urlaube sowieso, verzichtete auf Avocados, verzichtete auf eine Wohnung, in der es ein Elternschlafzimmer gibt. Unser ökologischer Fußabdruck muss formidabel gewesen sein. Wenn es wirklich Verzicht gewesen wäre und nicht Armut, hätte man uns als ökologische Vorzeige-Familie im Fernsehen zeigen können. Aber man kann sich nur etwas versagen, wenn man mehr hat, als man braucht. Wer nur das hat, was er braucht, der kann keine Gerechtigkeit und Entsagung für alle fordern. Aus Armut keine Fernreisen zu unternehmen ist nicht so ehrbar, wie aus Überzeugung keine Fernreisen zu unternehmen. Wir verzichteten nicht. Denn verzichten kann man nur, wenn man Geld hat, um es nicht auszugeben. Wer arm ist, macht die Welt nicht besser. Denn auch das muss man sich leisten können.

Wenn nun Verzicht zum moralischen Wert wird, dann machen wir es den Armen noch schwerer, sich dieser Gesellschaft zugehörig zu fühlen. Denn sie wünschen sich ja all diese Dinge, auf die verzichtet wird. Diejenigen, die den Verzicht auf etwas predigen, was sie unzählige Male genossen haben, rufen ihnen nun zu: »Flugreisen sind gar nicht so toll, die braucht man nicht«, und erheben sich so wiederum zu Entscheidern auf der Grundlage finanzieller Überlegenheit – zu der nun noch die moralische Überlegenheit kommt, denn ihr Verhalten hilft ja dem Planeten.

Die Ungerechtigkeiten, die mit der Verteuerung von Flugtickets, Sprit oder Fleisch einhergeht, versuchen die Verzicht-Fans kleinzureden. Sie sprechen über die Oma im Flieger nach Mallorca, die sich wegen der CO_2-Steuer dann eben ihr Stück Kuchen nicht mehr leisten könne, und wollen damit zeigen, dass die Einschränkungen für arme Menschen nur minimal wären. Dass es also nur um ein paar Euro mehr für einen Urlaubsflug geht. Dabei denken sie nicht darüber nach, dass dieses Stück Kuchen irgendeiner Oma die ganze Welt bedeuten könnte. Oder dass die Minutenschnitzel von Aldi das Wochenendritual einer armen Familie sein könnten.

Wenn man Geld hat, kann man sich das kaum vorstellen: wie viel ein paar Euro bedeuten können. Wie viel der demonstrative Konsum[82] bedeutet, also der Konsum von Dingen, die nicht lebensnotwendig sind, die einem aber das Gefühl geben, ein Mensch zu sein, der es verdient, Glück zu empfinden. Demonstrativen Konsum bewahren sich arme Menschen bis ganz zuletzt. Viele würden eher hungern, als sich ihr Parfum nicht mehr zu leisten. Dieser Anspruch der Armen an Genuss ist nicht weniger wert als der Anspruch der Vermögenden, sich Datteln aus Marokko in den veganen Joghurt zu rühren.

Jede Forderung nach »weniger« ist eine Forderung, die vor allem denen schadet, die sowieso schon wenig haben. Die Forderung nach autofreien Städten etwa richtet sich gegen alle, für die innenstadtnahes Wohnen zu teuer ist – während die Bewohner der Innenstädte es sich leisten können, Maut-Gebühren zu bezahlen, oder sogar eine Sondergenehmigung für Anwohner bekommen. Eine CO_2-Steuer ist den Superreichen egal, für die Mittelschicht wäre sie vielleicht ein Anreiz, mehr vegetarische Produkte zu kaufen – für die Armen ist sie ein Fleischverbot.

Doch warum ist es überhaupt sinnvoll, die Gesellschaft gerechter denken zu wollen und sie gerechter zu machen? Wem nutzt es? Wir könnten ja auch einfach akzeptieren, dass wir die Arbeitslosen und ihr Leid brauchen. Wir könnten akzeptieren, dass arme Kinder weniger Chancen haben als reiche. Viele Menschen fühlen sich ja anscheinend wohl im Kapitalismus, wie er ist – warum sollte das Unglück der Wenigen ein Anreiz sein, etwas zu ändern?

Es gibt zwei miteinander zusammenhängende Gründe, die für eine Veränderung sprechen – für *transformative* Maßnahmen. Beide betreffen die Wertschätzung des demokratischen Systems, das wir haben – und den Wunsch, dass es uns noch eine Weile erhalten bleibt. Einerseits wird die Gesellschaft durch Ungleichheit auch unmoralischer. Und andererseits ängstlicher.

Seit den Achtzigerjahren des vergangenen Jahrhunderts ist die Ungleichheit weltweit gewachsen.[83] In Deutschland wie in anderen Ländern Europas ist das unter den Bedingungen demokratischer Staatlichkeit passiert, also innerhalb eines Gemeinwesens, in dem alle Menschen die gleichen Rechte haben. Der Status eines Einzelnen, so hatte die CDU es ja nach dem Zweiten Weltkrieg erklärt, solle auf der Leistung des Einzelnen beruhen. Neben den anderen Vorzügen der parlamentarischen Demokratie war der gerechte Leistungswettbewerb immer als ein zentrales Element der sozialen Marktwirtschaft angedacht gewesen.

Nun zeigt sich immer deutlicher, dass der Status eines Einzelnen weniger auf seiner Leistung beruht als auf seiner Herkunft. So ist Wohneigentum zur wichtigsten Form der Kapitalanlage geworden, doch die Fähigkeit, Immobilien zu erwerben, hat man erst, wenn man bereits vermögend ist. Der Besitz von Wohnraum ist keine Eigenleistung, er ist aber der beste Weg, in Deutschland reich zu werden. Wir müssen uns fragen, ob wir das für gerechtfertigt halten. Mindestens müssen wir erkennen, dass Leistung nicht mehr auf direktem Weg zu Wohlstand führt, sondern dass Wohlstand zu noch mehr Wohlstand führt – und dass folglich nicht alle Menschen die gleichen Rechte und Möglichkeiten haben. Stattdessen werden die einen immer ärmer und manche immer reicher. Der Versuch, in dieser Ungleichverteilung einen Sinn zu finden, da sie durch Investitionen und Wettbewerb allen zugutekommen könnte, läuft ins Leere, solange die negativen Effekte überwiegen. Émile Durkheim schrieb bereits 1893 in *Über soziale Arbeitsteilung*, dass Demokratie und Erbschaft auf Dauer nicht vereinbar sein könnten, weil sie sich im Kern widersprächen. Denn wenn der Bevölkerung anhand der Verteilung von Vermögen bewusst wird, dass die Demokratie gepaart mit der sozialen Marktwirtschaft das Versprechen nicht hält, allen Menschen die gleichen Chancen zu gewährleisten, sorgt das für Verdruss: Der unmoralische Zustand der Demokratie legitimiert das unmoralische Verhalten des Individuums. Hamsterkäufe sind eine Ausprägung davon: Wer das Gefühl hat, dass der Staat die Gerechtigkeit nicht herstellen wird, der setzt sich zuhause auf zehn Pakete Klopapier und rechtfertigt das damit, dass ja sowieso jeder nur an sich denke. Je größer das Ungerechtigkeitsempfinden in einer Gesellschaft, desto unmoralischer wird sie also.

Ich muss 13 oder 14 Jahre alt gewesen sein, als ich mit einer Freundin aus der Innenstadt zu unserem Viertel lief. An einem kleinen Fußweg sprangen plötzlich zwei ältere Mädchen hinter einer Hecke hervor, spuckten uns an, zogen uns an den Haaren, schlugen auf uns ein. Ich rannte weg und versteckte mich hinter einem Busch, von wo aus ich sah, wie sie meine Freundin weiter bespuckten und beleidigten (später sagten sie, sie hätten uns verwechselt mit anderen Mädchen, die ihre Mütter beleidigt hätten – ich glaube, ihnen war einfach nur wahnsinnig langweilig). Als die Mädchen von meiner Freundin abließen, liefen wir zu ihr nach Hause. Dort fragte mich ihre Mutter, warum ich ohne sie weggelaufen sei. Ich hatte keine Antwort und fühlte mich dreckig. Nicht wegen der Rotze in den Haaren, sondern weil ich nur mich selbst gerettet hatte.

Angst, das haben verschiedene Studien gezeigt, lässt uns zu Pessimisten werden.[84] Wer Angst hat, der schätzt Risiken höher ein und sieht die Zukunft schwärzer, als sie sein mag. Angst schaltet unsere Empathie aus und versetzt uns in einen Flucht- und Kampfmodus. Angst lässt uns die Menschlichkeit der anderen vergessen, sie lässt uns in ihnen Feinde sehen. Genau deshalb ist sie ein so guter Motor für den Kapitalismus: Angst treibt Menschen an, immer mehr zu leisten, immer mehr zu kämpfen. Angst verhindert, dass wir Mitgefühl empfinden für diejenigen, die den Kampf verlieren.

Angst lässt uns also zu Egoisten werden, und manche werden dabei zusätzlich zu Nationalisten. Der Aufstieg der AfD ist vor allem durch den Rassismus unserer Gesellschaft zu erklären und durch den Antisemitismus, der nie weg war. Aber die Partei profitiert zusätzlich von der Abstiegsangst, die immer mehr Menschen empfinden. Sie fürchten sich davor, eines Tages zu den gesellschaftlichen Verlierern zu gehören – und sie haben zusätzlich bereits eingesehen, dass es für sie so etwas wie einen Aufstieg nicht mehr geben wird. Theodor W. Adorno hat 1967 in einer Vorlesung über *Aspekte des neuen Rechtsradikalismus* über solche ängstlichen, frustrierten Menschen gesagt, dass sie »nichts vor sich (sehen)«.[85] Sie haben keine Vision einer besseren Welt, keine Hoffnung. Sie sehen nur Unmöglichkeiten. Man muss nicht einmal arm sein, um so zu fühlen – die Möglichkeit der Armut reicht aus, um die Angst zu schüren und den Kopf in einen *flight or fight*-Modus zu versetzen: Flucht oder Kampf. Da die Flucht nicht möglich ist (wohin auch?), findet die Neue Rechte den vermeintlichen Feind, gegen den es sich zu kämpfen lohnt, in Geflüchteten, Muslimen, in allen Menschen, die als »anders« wahrgenommen werden. Manche Nazis wünschen sich regelrecht einen Bürgerkrieg – sie wollen den Untergang, weil sie keine andere Idee haben. Die Attentäter von Halle und Hanau waren beide nicht ungebildet: Sie hatten Abitur, sie hatten studiert. Was sie außerdem verband, war ihr Weltbild, das sich aus Verschwörungstheorien, Rassismus und Frauenhass zusammensetzte – und ihre Arbeitslosigkeit. Ich will damit nicht sagen, dass Arbeitslose häufiger zu rechtsextremen Terroristen werden. Ich will aber sagen, dass Rassismus und Verschwörungstheorien gefährlicher werden, wenn sie auf Perspektivlosigkeit treffen.

Unsere Gesellschaft wird also unmoralischer, wenn sie nicht gerecht ist. Und sie wird rechter, wenn sie Menschen keine gerechte Zukunft versprechen kann. Die gesellschaftliche Übereinkunft, auf der unser System der parlamentarischen Demokratie gebaut ist, hängt fest damit zusammen, dass alle Menschen gleich viel wert sind und dass jeder die gleichen Chancen hat. Wird diese Übereinkunft gebrochen, droht alles zu zerbrechen.

Eine einigermaßen enttäuschende Erkenntnis ist, dass sich Ungleichheit in der Vergangenheit vor allem durch Kriege aufgelöst hat. Bis kurz vor dem Ersten Weltkrieg war das Vermögen in den europäischen Staaten extrem ungerecht verteilt; ein kleiner Teil der Bevölkerung besaß und vererbte Land und Staatsanleihen und musste überhaupt nicht arbeiten, ein großer Teil der Bevölkerung war von den Landbesitzern abhängig. Nach dem Krieg gab es in Deutschland einen Volksentscheid über die Enteignung der Fürstenhäuser, angestoßen von KPD und SPD. Die konservative Regierung verhinderte zwar durch eine Gesetzesänderung die Enteignung, doch immerhin einigten sich die verschiedenen Landesregierungen mit den Fürstenhäusern auf Teilenteignungen. Außerdem wurde das »Reichsnotopfer« eingeführt: Jeder Steuerpflichtige, der ein Vermögen von mehr als 5000 Mark besaß, musste davon zwischen 10 und 65 Prozent abgeben. Parallel dazu wurde eine Zwangsanleihe erhoben: Alle mit einem Vermögen über 100 000 Mark mussten dem Staat von den ersten 100 000 Mark ein Prozent, von den nächsten 150 000 Mark zwei Prozent und so weiter leihen.[86] Infolge der Hyperinflation 1923 wurden diese Anleihen entwertet und nie zurückgezahlt. Ebenfalls nach dem Ersten Weltkrieg wurde erstmals eine Erwerbslosenfürsorge in Deutschland eingeführt – so viele Menschen waren ohne Arbeit, dass der Staat nicht mehr umhinkam, sich als sicherheitgebende Instanz für diejenigen zu begreifen, die nichts oder wenig hatten.

Nach dem Zweiten Weltkrieg war Deutschland verschuldet, außerdem war viel Sachvermögen zerstört worden. Genauso ging es den alliierten Staaten. Frankreich erhob deshalb eine außerordentliche Kapitalabgabe auf große Vermögen[87], in Deutschland wurde ebenfalls eine progressive Vermögenssteuer sowie eine Sonderabgabe auf Privatvermögen eingeführt, um den Wiederaufbau zu finanzieren. Durch diese Umverteilung wurde das Land zu einem der egalitärsten Europas, die Verteilung des Vermögens zwischen den obersten 10 Prozent und den unteren 90 Prozent klaffte weniger weit auseinander als vor dem Krieg. Die Babyboomer-Generation, also diejenigen, die in den Nachkriegsjahren geboren wurden, werden heute von den Jüngeren beneidet, weil sie viel Wohlstand mit relativ wenig Einsatz erwirtschaften konnten: Von ihren Einkommen konnten sie Häuser für ihre Kleinfamilien bauen, ihre Renten sind sicher. Aber es ist nicht die Schuld der Babyboomer, dass sie heute auf Vermögen sitzen, das ihre Kinder durch Arbeit niemals erwerben könnten. Es sind politische Entscheidungen, die diese Asymmetrie auslösten. Seit den Achtzigerjahren hat sich die Schere zwischen Arm und Reich in Deutschland wieder geöffnet. Einerseits liegt das schlichtweg daran, dass nach der Angleichung durch den Zweiten Weltkrieg eine Phase erreicht war, in der manche zu besonders großen Gewinnern wurden – und dann an der Abschaffung der Vermögenssteuer 1996 und daran, dass sich sogar in der Sozialdemokratie der Glaube durchgesetzt hatte, ein freier Markt sei »modern«.

Die Rückzahlung der Schulden, die Deutschland während des Zweiten Weltkriegs angehäuft hatte, wurde zunächst aufgeschoben – und nach der Wiedervereinigung ganz gestrichen.

Die Deutschen tragen die volle Schuld am Zweiten Weltkrieg. Sie waren Mörder und Mitläufer. Sie waren Beteiligte oder Zeugen des industriellen Massenmordes an den europäischen Juden. 65 Millionen Menschen starben in dem Krieg, den Deutschland begonnen hatte. Diesem Land der Schuldigen erließ man nun also die Staatsschulden.

In den USA hat es nie einen Krieg gegeben, in dessen Nachgang die Vermögensverteilung angeglichen worden wäre. Man kann von oben herab auf den Turbo-Kapitalismus schauen, auf den Rückzug des Staates und die Ideologie des freien Marktes, die selbst die ärmsten Amerikaner als identitätsstiftend betrachten – aber man muss dabei bedenken, dass Deutschland Anfang des 20. Jahrhunderts auf dem gleichen Weg war, ähnlich ungerecht wie die USA heute. Wenn man die Frage nach gesellschaftlicher Transformation stellt, enthält das also eine moralische Komponente: Muss es immer eine Katastrophe geben, einen Krieg, einen Generalstreik, bevor ein Land gerechter wird? Schafft die Politik es auch einfach aus gutem Willen? Oder wäre vielleicht eine Pandemie ein guter Anlass? Je mehr Menschen arbeitslos sind, desto besser stehen historisch die Chancen, dass sich ihre Lage verbessert. Die Massenarbeitslosigkeit nach dem Ende des Ersten Weltkriegs hatte eine Verbesserung des Sozialsystems zur Folge, und wegen der Corona-Beschränkungen stellten die USA Schecks für jeden Bürger aus, damit niemand verhungern muss, was man als eine Art bedingungsloses Grundeinkommen bezeichnen könnte. Wenn sich die Pandemie gravierend auf den deutschen Arbeitsmarkt auswirkt, könnte das auch hier dazu führen, dass Hartz IV neu verhandelt wird.

Was wir auf jeden Fall brauchen, ist Wut. Wut anstelle von Angst. Wut hat die Macht, Menschen zu vereinen – und Wut löst in unserem Kopf ähnlich optimistische Zukunftsgedanken aus wie Freude.[88] Denkt man ja erst mal nicht.

Wenn wir wütend sind, dann fühlen wir uns, als lägen die Dinge in unserer Hand – nicht, als würde die Welt uns übermannen. Wir sind sicherer in unseren Entscheidungen und schätzen Risiken optimistischer ein. Wut fördert sogar »prosoziales Verhalten« – also genau das, was die Angst ausschaltet. Wut sorgt dafür, dass wir Opfer entschädigen wollen, und zwar bevor wir die Täter bestrafen wollen. Das unterscheidet die Wut vom Hass: Wenn wir hassen, dann wollen wir andere leiden sehen. Wenn wir wütend sind, dann wollen wir, dass Ungerechtigkeit ausgeglichen wird. Wut will Heilung, Hass will Vernichtung.

Wir könnten wütend sein auf ein System, in dem die Vielen auf die Gunst der Wenigen angewiesen sind, um würdevoll zu leben. Wir könnten wütend darauf sein, dass Arbeitslosigkeit mit Stigmatisierung und Abstieg einhergeht. Wütend darauf, dass sich Kassiererinnen und Krankenpfleger von ihrem Gehalt niemals eine Eigentumswohnung leisten können und dass sie deshalb nicht nur für ihr eigenes Auskommen arbeiten müssen, sondern zusätzlich für das Auskommen ihres Vermieters. Wir könnten wütend sein auf die Angst, die wir alle haben: vor dem Abstieg, vor der Sinnlosigkeit, vor der Krise.

Das Kapital ist heute mobiler als nach dem Zweiten Weltkrieg, genau wie die Menschen heute mobiler sind. Zugespitzt könnte man sagen, dass alles global geworden ist, nur die Nationalstaaten sind immer noch ziemlich national. Das schadet vor allem der Steuergerechtigkeit. Ich habe mal ein Interview mit einem Vermögensberater geführt, der mir ganz offen erklärte, dass natürlich wirklich *niemand*, der reich ist, *keine* Steuertricks nutzt. Er sagte das, als würde er mir erklären, dass Käsekuchen gut zu Kaffee passt. Als wäre es ein ganz einfacher, logischer Umstand, von dem jeder Mensch weiß und den jeder Mensch komplett verständlich und in Ordnung findet.

Der Wunsch nach Gleichheit lässt sich deshalb nur global denken: Ohne einen weltweiten Bankdatenaustausch wird nichts besser, denn das Kapital kann einfach in andere Länder flüchten. Dieser Austausch ist möglich, er ist nur politisch bislang nicht gewollt. Wir haben uns angewöhnt, Eigentum als unberührbar zu betrachten, weil sich die breite Masse unter »Eigentum« das Haus im Grünen vorstellt, das sich die Großeltern vor zwanzig Jahren zugelegt haben. Eigentum als Belohnung für Leistung. Aber das ist natürlich eine überholte Vorstellung. Eigentum hat mit Leistung nur noch wenig zu tun. Eigentum ist berührbar, und eine Politik, die danach handelt, ist denkbar. Was haben sich die Deutschen etwa schwergetan, den Mindestlohn einzuführen – man dachte, alles würde zusammenbrechen, wenn Menschen für ihre Arbeit mindestens acht Euro pro Stunde bekommen. Nichts ist zusammengebrochen. Es ist nur eine seit Jahrzehnten eingeschliffene Ideologie, die uns davon abhält, über Eigentum und Verteilungskonflikte zu sprechen.

Thomas Piketty schlägt in *Das Kapital im 21. Jahrhundert* eine Progressivsteuer auf die weltweit größten Vermögen vor, außerdem eine Besteuerung »anstößiger« Einkommen von 80 Prozent.[89] Mit anstößig sind Einkommen gemeint, die in keinem Verhältnis zu irgendeiner Leistung stehen. Die Besteuerung von 80 Prozent würde jedoch eher nicht bedeuten, dass tatsächlich 80 Prozent versteuert werden – eher würden Einkommen in dieser Höhe gar nicht mehr existieren, weil Unternehmen es natürlich nicht einsähen, Gehälter zu zahlen, die dann zum Großteil an den Staat fließen. Die ehemals anstößigen Gehälter ließen sich dann auf die weniger gut bezahlten

Arbeit*gebenden* verteilen, was zu einer erhöhten Kaufkraft der Mittelschicht führen würde. Alternativ könnte das Unternehmen die gewonnene Liquidität reinvestieren. Das alles wäre wirtschaftlich fruchtbarer als die Auszahlung an Individuen.

Auf der ideologischen Ebene müsste die Sozialdemokratie es schaffen, sich von der Verherrlichung der *Leistung* zu verabschieden. Denn Leistung ist kaum zu definieren, und sie ist in unserer Gesellschaft definitiv nicht ausschlaggebend für Gehaltsauszahlungen. Spätestens das Coronavirus und die damit einhergehenden Einschränkungen haben gezeigt, welche Berufsgruppen für das Überleben aller essenziell sind und welche gut bezahlten Jobs irrelevant für den Erhalt der Gesellschaft. »Leistung« ist ein relativer Begriff, weil wir keine Messwerte oder Einheiten für sie haben. Ein Supermarktverkäufer leistet körperliche Arbeit, er schleppt x Kilo am Tag hin und her, spricht mit x Kundinnen, versorgt x Ortsbewohner mit lebenswichtigen Waren. Ein Supermarktinhaber trifft x Entscheidungen am Tag, verhandelt mit x Zulieferern, fährt auf x Messen, um sich neue Produkte anzusehen, und führt x Mitarbeitergespräche. Egal, was man für x einsetzt: Leistung wird sich in Geld nie exakt bemessen lassen; Gerechtigkeit hingegen kann man mit Geld sehr wohl herstellen. Darum sollte es gehen.

Um das zu tun, müssten wir (vor allem aber die Sozialdemokratie) die Furcht vor dem Begriff *Sozialismus* ablegen. Es ist nun mal nur ein Wort. Wer die Frage danach stellt, ob sich Umverteilung nicht radikaler denken ließe, sollte nicht den Kopf einziehen, sobald als Gegenargument die Schrecken des vormals real existierenden Sozialismus aufgezählt werden. Denn die Frage nach der Moral gewisser Vermögenswerte enthält nicht die Forderung nach der Errichtung von Gulags.

Menschen wollen etwas tun. Sie wollen eine Beschäftigung und ein soziales Umfeld, die Sinn stiften. Sozialleistungen, das haben schon Studien in den frühen Nullerjahren ergeben, als Hartz IV gerade eingeführt wurde, werden entgegen allgemeinen Annahmen nicht »ausgenutzt« – hinzu kommt, dass die Scham, die mit der Beantragung einhergeht, so groß ist, dass viele sie gar nicht in Anspruch nehmen. In Frankreich etwa beantragen weniger als die Hälfte aller Berechtigten die staatlichen Zahlungen, die zur Aufstockung von zu geringen Gehältern gedacht sind. Ich bin es leid, auf die immer wieder gleichen Einwände einzugehen, die sagen, dass manche Menschen einfach nicht arbeiten wollen, dass sie faul seien und den Staat um Geld betrügen. Es wird natürlich immer ein paar faule Betrüger geben. Aber nur bei den Armen richtet man die Gesetzgebung nach diesen Wenigen aus.

Im Steuerrecht basiert vieles auf Vertrauen. Hartz IV hingegen ist schlupflochfrei, genau wie es kaum einen profitablen Weg gibt, die Rentenkasse zu betrügen. Wenn wir uns in allen Lebensbereichen nach den faulen Betrügern richten würden, dann hätten wir einen Polizei- und Überwachungsstaat. Eine freie Gesellschaft muss aber davon ausgehen, dass es Betrug geben wird, genau wie Hotels davon ausgehen, dass Handtücher gestohlen werden, und Städte davon ausgehen, dass Menschen bei Rot über Ampeln gehen. In unserer Gesellschaft basiert so vieles auf Vertrauen. Warum vertraut das Jobcenter meinen Eltern dann nicht, wenn sie sagen, dass sie kein Geld haben, sondern lässt sie alle ihre Kontoauszüge einreichen, seit Jahrzehnten schon? Warum vertraute das Jobcenter mir nicht, als ich Abitur machte, sondern ließ mich alle paar Monate eine Schulbescheinigung vorzeigen? Die Antwort ist einfach: Weil die Armen von Erwerb und Konsum und Arbeit ausgeschlossen sind, sollen sie auch vom Lügen ausgeschlossen sein. Weil jeder sich ein bisschen unrechtmäßig bereichert, gehen alle davon aus, dass die Armen das auch tun würden. Dabei wissen gerade die Armen oft gar nicht, wie das geht: das Immer-mehr-Wollen. Dafür müssten sie erst mal das Gefühl kennen, mehr oder einfach nur genug zu bekommen. Uli Hoeneß hat 28,5 Millionen Euro Steuern hinterzogen. Das sind ungefähr 67 200 monatliche Hartz-IV-Sätze. Jemand, der unrechtmäßig Hartz IV bezieht, müsste also etwa 5600 Jahre alt werden, um der Gemeinschaft so sehr zu schaden wie Uli Hoeneß.

Wir könnten uns also ein Sozialsystem zutrauen, das einen Menschen-Rettungsschirm enthält, der nicht nur »armutsfest« ist, sondern lebensfest. Eine Sozialhilfe ohne Sanktionen, die Menschen vertraut, anstatt sie zu schikanieren. Am einfachsten wäre es, sich dabei zunächst am Steuerfreibetrag zu orientieren: 9168 Euro pro Person sind im Jahr 2020 einkommenssteuerfrei. Bei einer Einkommenssteuer, die bei den höchsten Einkommen progressiv wäre, ließe sich dieser Betrag noch erhöhen – aber eine Anhebung des Hartz-IV-Satzes pro Person auf 764 Euro im Monat oder eben 9168 Euro im Jahr wäre ein erster, guter Schritt – wenn der Betrag auch Kindern vollständig ausgezahlt würde. Eine fünfköpfige Familie hätte dann etwa ein Sozialhilfeeinkommen von 3820 Euro im Monat. Bei einem deutschlandweit gedeckelten Mietpreis von etwa acht Euro pro Quadratmeter wäre es der Familie möglich, Miete, Heizung und Strom selbst zu zahlen, wodurch der Verwaltungsaufwand und die Schikane im Jobcenter wegfallen würden. Den Eltern würde man schlichtweg dahingehend vertrauen, dass sie die Zahlungen an die Kinder auch tatsächlich für die Belange ihrer Kinder verwenden. Wenn der Mindestlohn bei zwölf Euro läge und das Kindergeld durch den Kinder-Sozialhilfesatz ersetzt würde, wären Arbeitseinkommen weiterhin höher als Nicht-Arbeitseinkommen. Eine solche Sozialhilfe würde deutlich weniger soziale Folgekosten produzieren; der Staat müsste weniger Geld für Sozialarbeiter ausgeben, die Krankenkassen weniger Geld für Psychiater.

Ich würde ja gern etwas anderes vorschlagen. So etwas Wohlklingendes wie »Bildung« oder »Chancen« – etwas, das niemanden schockiert und niemandem weh tut. Aber Bildung und Chancen sind nichts wert, wenn sie auf Armut treffen. *Mehr Geld* ist die eine, grundlegende Forderung, die man an eine neue Sozialhilfe und an eine Gesellschaft stellen muss, die den Anspruch hat, gerecht zu sein. Denn gegen Armut hilft nur Geld.

Hätte ich nach dem Abitur nicht Stipendien bekommen, wäre ich heute eine andere. Ich hätte andere Entscheidungen getroffen, ängstlichere Entscheidungen – schlechtere Entscheidungen. Ich hätte andere Fächer studiert, »sichere« Fächer, ich hätte sowieso kürzer studiert, ich hätte mich nicht getraut, nach München zu ziehen oder nach Berlin, ich hätte dieses Buch nie geschrieben. Ich wäre kein schlechterer Mensch, wenn ich heute in einer Lokalredaktion im Ruhrgebiet säße. Eventuell wäre ich sogar ein ähnlich glücklicher Mensch. Aber ich wäre dort, weil meine Eltern arm sind und weil das meine Möglichkeiten begrenzt hätte.

In *Ein eigenes Zimmer* erzählte Virginia Woolf 1929 von einem ähnlichen Wendepunkt in ihrem Leben:

> Meine Tante Mary Beton, muss ich Ihnen erzählen, starb an einem Sturz von ihrem Pferd, als sie in Bombay ausritt, um Luft zu schöpfen. Die Nachricht von meiner Erbschaft erreichte mich eines Abends ungefähr zur gleichen Zeit, als das Gesetz verabschiedet wurde, das den Frauen das Wahlrecht gab. Der Brief eines Notars fiel in den Briefkasten, und

> als ich ihn öffnete, stellte ich fest, dass sie mir fünfhundert Pfund im Jahr auf Lebenszeit hinterlassen hatte. Von den beiden – dem Wahlrecht und dem Geld – schien mir, das muss ich zugeben, das Geld unendlich viel wichtiger.[90]

Dieses Geld, diese finanzielle Sicherheit, so schrieb sie, gab ihr »die größte aller Befreiungen, nämlich die Freiheit, über die Dinge als solche nachzudenken. Dieses Gebäude zum Beispiel, gefällt es mir oder nicht? Ist dieses Bild schön oder nicht?« Mit dem Geld änderte sich ihr Denken – es verlor Grenzen, es wurde eigenständiger.

Die Erweiterung meines Möglichkeitshorizonts hat Deutschland über die Jahre meines Studiums hinweg ungefähr 60 000 Euro gekostet. Rückzahlungsfrei, steuerfrei. Ich finde, dass jeder junge Mensch ein solches Stipendium verdient hat – nicht unbedingt nur fürs Studieren. Manche würden von 60 000 Euro vielleicht eine Wohnung oder ein Haus in der Stadt anzahlen, in der sie ihre Ausbildung beginnen, manche würden sich eine mehrjährige Weltreise finanzieren oder das Geld sonst wie anlegen. Allen wäre gemein, dass sie am Beginn ihres Lebens als Erwachsene eine *eigene* Entscheidung treffen können, die nicht von existenzieller Sorge überschattet ist.

Trotzdem wird es Menschen geben, die aus dem System fallen. Es wird nicht immer genug Arbeit für alle geben – vor allem nicht auf dem Arbeitsmarkt einer Welt, in der durch Innovationen permanent neue Berufe geschaffen werden und andere veralten. Eine gerechte Gesellschaft braucht deshalb nicht nur eine lebensfeste Sozialhilfe, sondern auch einen großen öffentlichen Sektor, der Menschen aufnimmt und ihnen Möglichkeiten gibt, sich fortzubilden oder zu beschäftigen. Die teuren Maßnahmen und die Weiterbildungsinstitute, die sich um die Hartz-Gesetze herum gebildet haben und deren Geschäftsmodell auf nichts beruht als auf dem Abzwacken von Steuergeldern für unnütze Beschäftigung und Schikanierung von Leistungsempfängern, ließen sich dadurch zerschlagen. Stattdessen könnte man es den Arbeitslosen freistellen, an einer öffentlichen Stelle zu arbeiten: als Verkäuferin im Sozialkaufhaus, in der Unterstützung von Senioren, als Vorleserin im Kindergarten, als Helfer in Bus und Bahn, als Schulweglotsin. Menschen wollen arbeiten. Menschen wollen Strukturen, die sie halten. Man muss sie nicht dazu zwingen.

Damit all das möglich wird, muss der Arbeitgeberbeitrag zur Sozial- und Krankenversicherung wegfallen. Denn dieser Beitrag ist der Hebel, mit dem der Arbeitgeberverband seinen Einfluss auf das Gesundheitssystem und die Belange der sozialen Sicherung legitimiert, was er auch ganz offen so formuliert. Stattdessen sollten die Brutto-Gehälter aufgestockt und der Steuerfreibetrag um die Sozialversicherungsbeiträge erhöht werden. Das würde auch die Solidarität fördern; denn aktuell sieht man auf der Gehaltsabrechnung vor allem den Unterschied zwischen Brutto und Netto. Zu realisieren, dass ein guter Teil des Betrags dazwischen nicht Steuern sind, sondern die persönliche Absicherung innerhalb eines Solidarsystems, würde vielleicht eine Form des demokratischen Zusammenhalts erzeugen: ein gemeinsames Gefühl von Solidarität, ohne dass es dafür wichtig wäre, dass die Menschen im Solidarsystem eine »sozialversicherungspflichtige Beschäftigung« haben.

Und dann ist da, neben all den politischen Möglichkeiten der Veränderung, noch die individuelle Ebene. Die Frage danach, wie wir reden, wenn wir über Arbeitslosigkeit und Armut sprechen – und über Arbeit selbst.

Als ich mal auf einer Firmen-Weihnachtsfeier stand und der Chefredakteur eine Rede hielt, lehnte sich eine Kollegin zu mir herüber und flüsterte: »Überleg mal, wie das für ihn sein muss: dort zu stehen, und alle um ihn herum, die ihn anschauen, sind von ihm abhängig.« Ich glaube, dass dieser Satz, vor allem die Wahl des Wortes »abhängig«, sehr klug war und sehr ehrlich. Egal, wie viel Weißwein ein Arbeit*nehmender* dir ausschenkt: Eine Angestellte ist eine Abhängige, Hierarchien bleiben Hierarchien. Darüber sollten wir häufiger sprechen. Wir sollten nicht nur uns selbst betrachten, unseren eigenen »Lebensweg« – sondern unser Umfeld und unsere Macht und Ohnmacht darin. Im Idealfall würde das dazu führen, dass sich die Begriffe verändern, die wir benutzen, wenn wir übers Arbeiten und Nicht-Arbeiten sprechen.

Statt »sie kommt aus einfachen Verhältnissen« würden wir sagen: aus prekären, komplizierten Verhältnissen. Statt »sozial schwach« würden wir sagen: arm. Statt »Sozialsysteme ausnutzen« würden wir sagen: soziale Sicherungssysteme beanspruchen. Denn ein Recht kann man nicht ausnutzen, man kann es nur haben oder nicht. Wenn wir als Gesellschaft entscheiden, dass arme und arbeitslose Menschen nicht in der Gosse enden sollen, dann dürfen wir niemandem vorwerfen, sein Recht auf Geld vom Staat geltend zu machen.

Und statt »arbeiten« würden wir sagen, was genau wir da eigentlich tun. »Arbeit« ist ein sinnentleertes Wort geworden. Neulich habe ich eine Folge der Fernsehserie *Vier Hochzeiten und eine Traumreise* gesehen. Ein Paar wurde vorgestellt, sie küssten sich, planten das Menü für die Hochzeit. Da fragten die Reporter die Frau, was ihr Verlobter eigentlich beruflich mache. Sie wusste es nicht. Genau wie Kinder meistens nicht wissen, womit ihre Eltern eigentlich beschäftigt sind, wenn sie nicht da sind. »Zur Arbeit gehen« ist für viele Kinder ein mystisches Verschwinden der Eltern auf Zeit, und was man dort tut, wo man hingeht, ist irgendwie egal.

Statt »Ich gehe arbeiten« sollten wir sagen: Ich stelle mich an ein Fließband und kontrolliere Scharniere auf Produktionsfehler. Ich sitze auf einem Stuhl und sage Leuten, dass sie ihren Computer aus- und wieder anstellen sollen. Ich werfe Brötchenteigbackmischungen in riesige Schüsseln. Ich lehne Asylanträge ab. Ich putze die Toiletten von Menschen, die ihre Wohnung verlassen, sobald ich ankomme. Oder auch: Ich gehe in ein Büro und sitze dort, aber in Wirklichkeit bin ich unsicher, was meine Aufgaben sind, wahrscheinlich hat man mich einfach vergessen.

All das würde uns begreifen lassen, dass »Arbeit« alles und nichts sein kann, dass sie in vielen Momenten kaputt und traurig macht und in manchen Momenten auch glücklich. Dass wir unsere Zeit nicht einfach mit »Arbeit« verbringen, sondern mit einer Tätigkeit, die sich benennen lässt und deren Umstände sich kritisieren lassen. Soldaten im Zweiten Weltkrieg haben in ihrer Feldpost auch oft von »Arbeit« geschrieben, wenn Erschießungskommandos und Plünderungen gemeint waren.[91]

Neulich saß ich im Café neben einer älteren Dame, die ihren Freundinnen erzählte, sie habe eine künstliche Hüfte eingesetzt bekommen, »wegen der Arbeit früher«. Die Freundinnen nickten. Dass Arbeit kaputtmacht, nehmen wir so hin. Muss ja. Was, dachte ich in dem Moment, wenn die Frau gesagt hätte, dass sie eine künstliche Hüfte braucht, weil sie Menschen vom Bett in den Rollstuhl und von dort auf die Toilette gehievt hat? Wenn es nicht einfach eine »Arbeit« gewesen wäre, sondern etwas Konkretes und damit Veränderbares? Hätten die Freundinnen dann vielleicht darüber nachgedacht, wie man ihren Beruf menschenwürdiger gestalten könnte? Ob es nicht eine Hilfestellung für die Frau gegeben hätte, ob es nicht mehr Personal gebraucht hätte? Indem man »Arbeit« sagt, lässt sich jede Ungerechtigkeit verschleiern.

Wenn wir aber tatsächlich benennen, was wir tun, wenn wir arbeiten, würde das die Arbeitslosen aus ihrer zugewiesenen Rolle als Antithese, als Gegenteil befreien. Wenn wir die Vorstellung von Tun vom Begriff der Arbeit trennen, dann wäre Nicht-Arbeiten nicht mehr gleichbedeutend mit Nichtstun, sondern einer von vielen Zuständen, in denen Menschen sich befinden können.

Im Polnischen gibt es für das, was eine Person ausmacht, einen eigenen Fall: den Instrumental. Man benutzt diesen Fall einerseits, wenn man die Frage beantwortet, *mit was* etwas getan wird (ich fahre mit *dem Bus)*. Andererseits aber auch, wenn man sagt, dass *man selbst* etwas ist. Dann verändert sich das Wort, das diese Rolle benennt. *Dziennikarka* (Journalistin) wird also zu *dziennikarką* (Journalistin mit anderer Endung). Das Gleiche passiert, wenn man sagt, *mit wem* man etwas macht, also etwa, mit wem man zusammenwohnt. Polnisch Sprechende verwenden den Instrumental, wenn sie darüber sprechen, mit wem sie verwandt sind oder welche Nationalität sie haben, wofür sie sich interessieren und was sie werden wollen, wo sie leben oder stehen oder sitzen und wann sie etwas tun. Alles, wozu sie in Beziehung stehen, was sie selbst in der Welt beschreibt, drücken sie im Instrumental aus – und Berufsbezeichnungen sind nur ein Beispiel dafür. Wenn wir aber in einer Kneipe gefragt werden, »was wir so machen«, antworten wir fast immer mit einer Berufsbezeichnung. Davon sollten wir uns auch befreien: von der Überzeugung, dass der Beruf die erwähnenswerteste Information über uns selbst und andere ist. Nicht nur, damit die Berufslosen nicht mehr die Sonderfälle sind. Sondern auch deshalb, weil sich dadurch unsere Haltung dazu verändern könnte, was einem Menschen eigentlich Wert verleiht.

Arbeitslose leben in dauerhafter sozialer Isolation. Sie haben keinen Grund, ihre Wohnung zu verlassen, außer um einkaufen zu gehen. Die meisten haben keine Freunde mehr, die sie treffen könnten. Sie sitzen in tristen, kleinen Zimmern und haben Angst vor der Zukunft. Sie sind die Verlierer im Kampf der Menschen gegeneinander.

Am Coronavirus ist nichts gut. Es wäre besser, wenn es dieses Virus nicht gäbe. Das Leid, das daraus entsteht, ist mit nichts auszugleichen. Das Virus hat gezeigt, welche negativen Folgen die Globalisierung hat. Es hat die Menschheit gemeinsam in einen Kampf gegen die Natur geschickt, indem es uns auf unsere Sterblichkeit und unsere nationalen Grenzen zurückgeworfen hat. Es hat gezeigt, dass viele bereit sind, für das Überleben anderer auf Freiheiten zu verzichten. Es hat auch gezeigt, dass Politik handlungsfähiger ist, als sie immer behauptet hat.

Während ich dieses Buch fertigschreibe, steigen die Auflagen von Zeitungen in Deutschland. Menschen haben in dieser Krise das Bedürfnis nach Informationen, nach Einordnung – nach Journalismus eben. Und zugleich geht es den Zeitungsverlagen in Deutschland so mies wie noch nie. Firmen schalten keine Anzeigen mehr. Veranstaltungen müssen ausfallen. Leserreisen müssen ausfallen. Arbeitsverträge laufen aus, ohne verlängert zu werden. Über manche Blätter sagt man, dies könnte ihr Ende sein. Viele Journalistinnen könnten ihre Jobs verlieren. Alle Kollegen in allen Redaktionen machen sich Sorgen: Wie viele von uns werden nach der Krise noch hier sein? Wer von uns?

Die Angst vor dem Nichts, von der ich geschrieben habe, die Angst, über die ich theoretisch alles weiß, ist mir jetzt so nah wie nie. Ich habe sie selbst. Natürlich ist mir klar, warum ich so fühle. Ich weiß, dass es nicht an meinen Kolleginnen liegt, nicht an meinem Umfeld, nicht an meinen Texten oder an meiner Intelligenz, sondern daran, dass wir im Kapitalismus leben. Ich weiß auch, dass meine Angst privilegiert ist. Dass ich okay sein werde. Genug zu schreiben haben, genug zu essen.

Doch Wissen und Verstehen ändert nicht, wie man sich fühlt. Die Erklärbarkeit von Angst lässt sie nicht verschwinden.

Es hilft nicht, abends Foucault zu lesen, wenn man nachts nicht schlafen kann. Texte können die Welt immer nur begreifbar machen. Um die Welt zu verändern, braucht man Politik.

Als ich ein Kind war, habe ich manchmal mit dem Kopf unter dem Schreibtisch gelegen. Mein Schreibtisch war eine große Holzplatte, abgelegt auf zwei weiß lackierten Kommoden. An die Seite einer Kommode hatte meine Mutter mit Edding ein Rio-Reiser-Zitat geschrieben. Da muss sie ungefähr so alt gewesen sein wie ich heute, vielleicht etwas jünger. In Schreibschrift stand da: *Wir haben nichts zu verlieren außer unserer Angst.* Ich habe diesen Satz als Kind jahrelang angeschaut. Ihn immer wieder gelesen. Heute verstehe ich ihn.

DANK

Allen, die daran arbeiten, diese Welt gerechter zu machen.

NACHWEISE UND ANMERKUNGEN

1 Vgl. Franzese, Fabio; Rapp, Ingmar (2013): *Der Einfluss von Arbeitslosigkeit auf das Trennungsrisiko von Ehen*. Zeitschrift für Familienforschung, 25(3), S. 331–346 (https://nbn-resolving.org/urn:nbn:de:0168-ssoar-386696, zuletzt abgerufen am 15.05.2020), und Killewald, Alexandra (2016): *Money, Work, and Marital Stability: Assessing Change in the Gendered Determinants of Divorce*. American Sociological Review, 81(4), S. 696–719 (https://journals.sagepub.com/doi/10.1177/0003122416655340, zuletzt abgerufen am 15.05.2020).

2 Vgl. Pohlan, Laura (2018): *Unemployment and Social Exclusion*. Discussion Paper No. 18–029 des ZEW, Zentrum für europäische Wirtschaftsforschung GmbH (http://ftp.zew.de/pub/zew-docs/dp/dp18029.pdf, zuletzt abgerufen am 15.05.2020).

3 Vgl. Knab, Barbara (2014): *Armut beschädigt Kinderseelen*. Psychologie heute, S. 55 (https://barbara-knab.de/wp-content/uploads/2016/11/13_Armut_macht_krank_Knab_Psychologie-heute.pdf, zuletzt abgerufen am 15.05.2020).

4 Vgl. Müller, Thomas (11.11.2013): *Hartz-IV und eine kranke Psyche* (https://www.aerztezeitung.de/Medizin/Hartz-IV-und-eine-kranke-Psyche-279870.html) und (1.11.2013): *Mehr als ein Drittel der Hartz-IV-Empfänger psychisch krank* (https://www.aerzteblatt.de/nachrichten/56414/Mehr-als-ein-Drittel-der-Hartz-IV-Empfaenger-psychisch-krank, beide zuletzt abgerufen am 22.05.2020).

5 Brecht, Bertolt (1919–1956): *Schriften zu Politik und Gesellschaft*. Suhrkamp 1974. S. 92.

6 Eribon, Didier (2009): *Rückkehr nach Reims*. Suhrkamp 2016.

7 Ernoux, Annie (1983): *Der Platz*. Suhrkamp 2019.

8 Arendt, Hannah (1958): *Vita Activa*. Piper 2007, S. 61.

9 Weber, Max (1904): *Die protestantische Ethik und der Geist des Kapitalismus*. Anaconda 2018, S. 161.

10 Veblen, Thorstein (1899): *Theorie der feinen Leute. Eine ökonomische Untersuchung der Institutionen*. S. Fischer 2011, S. 26.

11 Piketty, Thomas (2019): *Kapital und Ideologie*. C. H. Beck 2020, S. 132 f.

12 Vgl. Foucault, Michel (1973): *Wahnsinn und Gesellschaft. Eine Geschichte des Wahnsinns im Zeitalter der Vernunft*. Suhrkamp 2011, S, 97, S. 112.

13 Vgl. Foucault, Michel: *Wahnsinn und Gesellschaft*, S. 11.

14 Vgl. Ehmer, Josef (2016): »Arbeitsdiskurse im deutschen Sprachraum des 15. und 16. Jahrhunderts«. In: *Semantiken von Arbeit: Diachrone und vergleichende Perspektiven*. Industrielle Welt, 91, 1. Böhlau Verlag. S. 93–114.

15 Vgl. Malm, Andreas (2013): *The Origins of Fossil Capital. From Water to Steam in the British Cotton Industry*. Historic Materialism 21.1, S. 15–68.

16 Clarus, Johann Christian August (1821): *Die Zurechnungsfähigkeit des Mörders Johann Christian Woyzeck*. Wikimedia Commons (https://de.wikisource.org/wiki/Die_Zurechnungsfähigkeit_des_Mörders_Johann_Christian_Woyzeck, zuletzt abgerufen am 15.05.2020).

17 Dietzgen, Josef (1906). *Die Religion der Sozialdemokratie. Kanzelreden von Josef Dietzgen*. Berlin. S. 10 f.

18 Vgl. Steinmetz, Willibald; Leonhard, Jörn (2016): »Von der Begriffsgeschichte zur historischen Semantik von ›Arbeit‹«. *Semantiken von Arbeit: Diachrone und vergleichende Perspektiven*. S. 9–59.

19 Vgl. Foucault, Michel: *Wahnsinn und Gesellschaft*, S. 12.

20 Piketty, Thomas (2020): *Kapital und Ideologie*, S. 357.

21 Ziemann, Benjamin (2016): *Religion, Konfession und säkulares Wissen. Informationen zur politischen Bildung 329/2015: Das Deutsche Kaiserreich 1871–1918* (https://www.bpb.de/izpb/224737/religion-konfession-und-saekulares-wissen?p=all, zuletzt abgerufen am 15.05.2020).

22 Vgl. Metz, Markus; Seeßlen, Georg (2011): *Blödmaschinen. Die Fabrikation der Stupidität*. Suhrkamp, S. 257.

23 Tschechow, Anton (1902): *Drei Schwestern*. Reclam 2008.

24 Kracauer, Siegfried (1930): *Die Angestellten*. Suhrkamp 1971.

25 Vgl. Freud, Sigmund (1909): *Das Unheimliche*. Gutenberg 2010. (https://www.gutenberg.org/files/34222/34222-h/34222-h.ht, zuletzt abgerufen am 22.05.2020).

26 Vgl. Jaeggi, Rahel (2005): *Entfremdung. Zur Aktualität eines sozialphilosophischen Problems*. Suhrkamp 2016, S. 78.

27 In den Vorlesungen zu den *Aspekten des neuen Rechtsradikalismus* führt Adorno 1967 diesen Gedanken in Zusammenhang mit der Angst vor der »technologischen Arbeitslosigkeit« an; indem gesagt wird, dass Maschinen einen Großteil der Arbeit erledigen könnten, die heute Menschen erledigen, fühlen sich die Menschen, die durch Maschinen ersetzt werden *könnten*, bereits als potenziell ersetzt. Vgl. Adorno, Theodor W. (1967): *Aspekte des neuen Rechtsradikalismus*. Suhrkamp 2019, S. 12.

28 Kohlrausch, Bettina (2018): *Abstiegsängste in Deutschland. Ausmaß und Ursachen in Zeiten des erstarkenden Rechtspopulismus.* Workingpaper Forschungsförderung der Hans-Böckler-Stiftung, 058/2018 (https://www.boeckler.de/pdf/p_fofoe_WP_058_2018.pdf, zuletzt abgerufen am 16.05.2020).

29 Vgl. Bauman, Zygmunt (2001): *Gemeinschaften.* Suhrkamp 2009, S. 103.

30 Vgl. Hammerich, Philipp (11.09.2019): *Berlin erhöht angemessene Mieten für Hartz-4-Empfänger 2019 erneut* (https://hartz4widerspruch.de/news/berlin-erhoht-angemessene-mieten-fur-hartz-4-empfanger/, zuletzt abgerufen am 22.05.2020).

31 Vgl. Jack, Anthony Abraham (2019): *The Privileged Poor. How Elite Colleges Are Failing Disadvantaged Students.* Harvard University Press.

32 Vgl. Bauer, Thomas (2018): *Die Vereindeutigung der Welt. Über den Verlust an Mehrdeutigkeit und Vielfalt.* Reclam, S. 68.

33 Vgl. Neues Deutschland (25.08.2004): *Nackte Wut wegen Hartz IV.*

34 Vgl. Cederstrom, Carl; Spicer, Andre (2015): *Das Wellness-Syndrom. Die Glücks-Doktrin und der perfekte Mensch.* Klaus Bittermann 2016, S. 122.

35 Vgl. Kagermeier, Elisabeth (15.03.2018): *Kaum Angst vor Überfremdung.* Zeit Online (https://www.zeit.de/gesellschaft/2018-03/populismus-deutschland-frankreich-afd-waehler-front-national-europa-studie, zuletzt abgerufen am 16.05.2020).

36 Bericht (2018) der Kommission Gleichwertige Lebensverhältnisse des Bundesministeriums des Innern, für Bau und Heimat (https://www.bmi.bund.de/DE/themen/heimat-integration/gleichwertige-lebensverhaeltnisse/gleichwertige-lebensverhaeltnisse-node.html, zuletzt abgerufen am 16.05.2020).

37 Zygmunt Bauman schreibt hierzu, dass mit dem modernen Versprechen der andauernden Verbesserung die »relative Deprivation« nicht mehr diachron gemessen wird (im Zeitverlauf), sondern synchron (im Wettbewerb mit anderen). »Verbesserten sich die Lebensbedingungen anderer Gruppen im Gegensatz zu den eigenen (…) konnten gestern noch still hingenommene Verhältnisse als Zeichen von Deprivation gedeutet werden.« Bauman, Zygmunt: *Gemeinschaften.* S. 102.

38 Orwell, George (1933): »Down and Out in Paris and London«. Project Gutenberg (http://gutenberg.net.au/ebooks01/0100171.txt, zuletzt abgerufen am 16.05.2020).

39 Vgl. Arendt, Hannah: *Vita Activa*, S. 79.

40 Vgl. Kracauer, Sigfried: *Die Angestellten*, S. 65.

41 Tagesspiegel (24.01.2020): *Lars Eidinger: »Das ist nicht zynisch gemeint«* (https://www.tagesspiegel.de/themen/mode/die-aldituete-von-lars-eidinger-lars-eidinger-das-ist-nicht-zynisch-gemeint/25466140.html, zuletzt abgerufen am 22.05.2020).

42 Vgl. Nikolova, Milena; Nikolaev, Boris N. (2018): *Family matters: involuntary parental unemployment during childhood and subjective well-being later in life*. GLO Discussion Paper 212, Global Labor Organization (GLO), Maastricht.

43 Vgl. Kracauer, Sigfried: *Die Angestellten*, S. 13.

44 Sußebach, Henning; Wilke, Stefan (4.04.2019): *Die Fee von Fulda*. Zeit (https://www.zeit.de/2019/15/arbeitslosigkeit-jobvermittlung-offene-stellen-larissa-mihm-coach, zuletzt abgerufen am 22.05.2020).

45 Holthoff, Christine (29.12.2016): *Warum Scheitern keine Schande ist – sondern eine Kunst. Berliner Morgenpost* (https://www.morgenpost.de/ratgeber/article208994617/Warum-Scheitern-keine-Schande-ist-sondern-eine-Kunst.html, zuletzt abgerufen am 22.05.2020).

46 Vgl. Spiegel (7.11.2006): *Mission eines Starkochs. Britische Schüler flüchten vor gesundem Essen* (https://www.spiegel.de/lebenundlernen/schule/mission-eines-starkochs-britische-schueler-fluechten-vor-gesundem-essen-a-446806.html, zuletzt abgerufen am 17.05.2020).

47 Vgl. Bourdieu, Pierre (1994): *Praktische Vernunft. Zur Theorie des Handelns*. Suhrkamp 1998, S. 106.

48 Vgl. Adorno, Theodor W.: *Jargon der Eigentlichkeit. Zur deutschen Ideologie*. Suhrkamp 1964, S. 32.

49 Schurian, Christoph (2017): *Kind im Brunnen. Wie Staat und Städte bei der Jugendhilfe versagen. Eine Reportage*. Correctiv. Recherchen für die Gesellschaft. S. 38.

50 Vgl. Bourdieu, Pierre: *Praktische Vernunft*. S. 146.

51 Schurian, Christoph: *Kind im Brunnen*. S. 40.

52 Positionspapier Hilfen zur Erziehung. Eine kommunale Aufgabe mit individuellem Rechtsanspruch. Landesjugendamt Westfalen 2011 (https://www.lwl-landesjugendamt.de/media/filer_public/5e/a0/5ea07e01-fd1 d-4124–8432–4632d9b2b1bb/positionspapier-hilfen-zur-erziehung_110815.pdf, zuletzt abgerufen am 17.05.2020).

53 Fraser, Nancy (1997): *Die halbierte Gerechtigkeit. Schlüsselbegriffe des postindustriellen Sozialstaats*. Suhrkamp 2001. S. 201.

54 Pennekamp, Johannes (4.4.2011): *Wenn der Staat den Sportverein bezahlt*. Zeit Online (https://www.zeit.de/wirtschaft/2011–04/bildungspaket-kinder, zuletzt abgerufen am 17.05.2020).

55 Spilsbury, Louise; Kai, Hanane (2017): *Wie ist es, wenn man arm ist?* Gabriel 2018.

56 Vgl. Marx, Karl (1872): *Das Kapital*. Anaconda 2009, S. 172.

57 Vgl. Weber, Max (1922): *Wirtschaft und Gesellschaft*. Mohr Siebeck 2006, S. 215 ff.

58 Bourdieu, Pierre (1992): *Die verborgenen Mechanismen der Macht*. Schriften zu Politik und Kultur. VSA 2005, S. 33.

59 Vgl. Bourdieu, Pierre: *Die verborgenen Mechanismen der Macht*. S. 64.

60 Vgl. Herzog, Lisa: *Die Rettung der Arbeit. Ein politischer Aufruf*. Hanser Berlin 2019.

61 Vgl. Spiegel (24.12.1984): *Kein Geld, kein Spaß, wozu noch leben?* Spiegel-Report über die Neue Armut in der Bundesrepublik in Westdeutschland (https://www.spiegel.de/spiegel/print/d-13512628.html, zuletzt abgerufen am 18.05.2020).

62 Hausner, Karl Heinz; Engelhard, Heidemarie; Weber, Enzo: *Arbeitsmarkt und öffentliche Haushalte: Kosten der Arbeitslosigkeit nochmals gesunken*. IAB-Kurzbericht 2/2014 (https://www.econstor.eu/bitstream/10419/158423/1/kb2014–02.pdf, zuletzt abgerufen am 18.05.2020).

63 Die Arbeit*nehmenden* hatten aber nicht nur Ideen zur Arbeitslosigkeit, sondern auch zur gesetzlichen Krankenversicherung: Sie forderten mehr Wettbewerb im Gesundheitswesen und mehr Selbstbeteiligung, um »das Gesundheitsbewusstsein« zu fördern. Sie wollten, dass im Fall von Schwangerschaft, Mutterschaftshilfe und Sterbegeld nicht mehr die Krankenversicherung zahlt, sondern dass diese Leistungen »privat oder über Steuern zu finanzieren« seien. Und sie fanden es »sozialpolitisch gerechtfertigt«, dass Arbeit*gebende* während der ersten drei Krankheitstage kein Krankengeld erhalten sollten. All das wurde zwar nicht umgesetzt, dafür sind jedoch in den letzten Jahren ein paar der damals erhobenen Forderungen zum Thema Rente tatsächlich Realität geworden. Zum Beispiel schrieben die Arbeit*nehmenden:* Der »Eintritt in das Erwerbsleben kann durchaus früher erfolgen als derzeit«, damit jeder Mensch mehr Beitragsjahre ansammeln könne. Die Bildungspolitik sei »gefordert, durch geeignete Maßnahmen die Schul- und Hochschulzeit zu verkürzen«, was dann ja mit der Verkürzung von neun auf acht Gymnasialjahre sowie mit der Bachelor- und Master-Reform der Hochschulen passierte. Außerdem entwarf das Papier eine Idee, die später mit der Riester-Rente konkreter werden sollte: »Ausbau und Förderung der Eigenfürsorge« in der Rente.

64 Geyer, Matthias; Kurbjuweit, Dirk (19.07.2004): *Langer Anlauf, Kurzer Sprung. Brüder zur Sonne. Schröder – Eine Bilanz*. Spiegel.

65 Arbeits- und Sozialministerkonferenz (25./26.10.2000) Beschluss. Konzertierte Aktion zur Überwindung von Sozialhilfebedürftigkeit.

66 Ahrens, Peter (19.04.2001): *Das Recht auf Arbeit. Sozialsenatorin Roth geht auf Distanz zu Plänen der Bundesregierung, um Druck auf Arbeitslose zu verschärfen. Kiel ist kanzlertreuer*. taz.

67 Bundesministerium für Wirtschaft und Technologie (08/2002), Reform des Sozialstaats für mehr Beschäftigung im Bereich gering qualifizierter Arbeit.

68 Bertelsmann Stiftung: *Eckpunkte einer Reform von Arbeitslosen- und Sozialhilfe*. Chronik der Arbeitsmarktpolitik 06/2002.

69 Siebert, Horst (2002): *75 Punkte gegen die Arbeitslosigkeit*. Kieler Diskussionsbeiträge, No. 394, Kiel Institute for the World Economy (IfW).

70 Gertz, Holger (31.12.2002): *Ein Jahr, das den Optimismus fortspülte*. Süddeutsche Zeitung.

71 Hassel, Anke; Schiller, Christof : *Die politische Dynamik von Arbeitsmarktreformen in Deutschland am Beispiel der Hartz IV-Reform*. Hans Böckler Stiftung 2010 (https://www.boeckler.de/pdf_fof/96621.pdf, zuletzt abgerufen am 18.05.2020).

72 Deutscher Bundestag (14.03.2003): 32. Sitzung. Plenarprotokoll 15/32.

73 Vgl. Geyer, Matthias; Kurbjuweit, Dirk: *Langer Anlauf, Kurzer Sprung. Brüder zur Sonne*.

74 SPD Beschlussbericht: Außerordentlicher Parteitag Berlin 2003.

75 Mittlerweile sind die Ministerien für Arbeit und Wirtschaft wieder getrennt. Und Clement wurde 2008 aus der SPD ausgeschlossen. Heute unterstützt er die FDP.

76 Vermittlungsausschuss Protokoll, 5. 11.2003.

77 Vermittlungsausschuss Protokoll, 11. 12.2003.

78 Vermittlungsausschuss Protokoll, 14.12.2003.

79 Tagesspiegel (13.08.2007): *Kanzlerin gegen Hartz-IV-Erhöhung plus Mindestlohn*. (https://www.tagesspiegel.de/arbeitslosengeld-kanzlerin-gegen-hartz-iv-erhoehung-plus-mindestlohn/1012464.html, zuletzt abgerufen am 18.05.2020).

80 Vgl. Fraser, Nancy: *Die halbierte Gerechtigkeit*, S. 47.

81 Vgl. Piketty, Thomas: *Kapital und Ideologie*, S. 66.

82 Vgl. Veblen, Thorstein: *Theorie der feinen Leute*, S. 33, S. 199.

83 Vgl. Piketty, Thomas: *Kapital und Ideologie*, S. 39.

84 Siehe beispielsweise Lerner, Jennifer S.; Keltner, Dacher (2001): *Fear, Anger and Risk*. Journal of Personality and social psychology no 1, S. 146–159.

85 Adorno, Theodor W.: *Aspekte des neuen Rechtsradikalismus*. S. 20.

86 Bach, Stefan: *Vermögensabgaben. Ein Beitrag zur Sanierung der Staatsfinanzen in Europa*. DIW Wochenbericht Nr. 28.2012 (https://www.diw.

de/documents/publikationen/73/diw_01.c.405701.de/12-28-1.pdf, zuletzt abgerufen am 18.05.2020).

87 Piketty, Thomas (2013): *Das Kapital im 21. Jahrhundert.* C. H. Beck 2018, S. 742.

88 Vgl. Lerner, Jennifer S.; Keltner, Dacher: *Fear, Anger and Risk.*

89 Piketty, Thomas: *Das Kapital im 21. Jahrhundert.* S. 592.

90 Woolf, Virginia (1929): *Ein eigenes Zimmer.* S. Fischer 2019, S. 87 f.

91 Vgl. Steinmetz, Willibald; Leonhard, Jörn (2016): »Von der Begriffsgeschichte zur historischen Semantik von ›Arbeit‹«. *Semantiken von Arbeit: Diachrone und vergleichende Perspektiven.* S. 9–59.